Die letzten ABENTEUER dieser Erde

Die letzten ABENTEUER dieser Erde

Mit Beiträgen von Jacques Cousteau, Reinhold Messner, Hans Hass und vielen anderen.

Naturalis Verlag

Die letzten Abenteuer dieser Erde

Graphische Gestaltung: Claus-J. Grube
Umschlaggestaltung: Rincón Partners, Köln
Textredaktion: Wolfgang Thielke, Petra Apfel,
Heike Mommertz
Bildredaktion: Klaus Griehl, Heike Mommertz
Satz: ABC Fotosatz & Repro GmbH, München,
Lichtsatzstudio Koch GmbH, Köln
Gesamtherstellung: Naturalis Verlags- und
Vertriebsgesellschaft mbH, Köln

ISBN 3-8247-8604-4

Jacques Cousteau

Im Abschiedsbrief an seine Frau schrieb der Südpolforscher Robert F. Scott unmittelbar vor seinem Erschöpfungstod in der Antarktis: »Was könnte ich Dir alles von dieser Reise erzählen. Und wieviel besser war sie doch, als daheim zu sitzen in zu großer Bequemlichkeit«. Um nicht »daheimzusitzen in zu großer Bequemlichkeit«, träumen heute immer mehr junge Leute davon, mit immer größerem Aufwand die größten Gefahren und Strapazen auf sich zu nehmen. Nur einigen von ihnen gelingt es jedoch, die einengenden gesellschaftlichen Schranken zu durchbrechen. Um auf diesem weitgehend gezähmten Planeten bedeutungsvolle Abenteuer zu erleben, in einer Welt in der schon alles getan scheint, stürzen sich immer mehr Menschen in immer ausgefallenere Unternehmungen.

Ein solcher Ausbruch aus der Verstädterung, aus unserem genormten Fließbandleben ist eine gesunde Reaktion und ein Gegengewicht zum abgezirkelten Tageslauf. Das Robinsonhafte in uns, der verhinderte Abenteuerer, der Erforscher der Wildnis, der Weltumsegler, der Goldsucher – die dumpfe Sehnsucht nach Freiheit und die Faszination des Unbekannten sind dabei Motor und Brennstoff zugleich.

Auf eine alte Weltkarte, vor einigen hundert Jahren gezeichnet, hat ein zeitgenössischer Kartograph an den Rand der unheimlichen, leeren Terra Incognita die Worte geschrieben; »Hier wohnen Drachen.« Es war eine Warnung an die Adresse allzu verwegener Seefahrer, daß sie sich hier auf eigene Gefahr ins Unbekannte wagen würden. Viele mögen abgeschreckt worden sein – andere jedoch, wie etwa Kolumbus oder Magellan, scheint die Warnung nicht abgeschreckt, sondern eher noch angestachelt zu haben. Schon frühzeitig hatten die Menschen erkannt, daß jeder entscheidende Schritt nach vorn, also über die Grenzen des Bekannten hinaus, den »Eindringling« der Gefahr aussetzt. Man könnte umgekehrt auch sagen: Wer Gefahr wittert, hat wahrscheinlich den Weg zu Fortschritt und Entdeckung eingeschlagen.

Bedauerlicherweise machen die meisten Menschen kehrt, sobald Schwierigkeiten oder Hindernisse erkennbar werden. Sie haben keine Ahnung, was ihnen dadurch entgeht!

Reinhold Messner

Ich klettere nicht einfach auf Berge, um ihre Gipfel zu bezwingen. Das wäre in meinen Augen ziemlich witzlos. Ich setze mich vielmehr absichtlich gefährlichen Situationen aus, damit ich lerne, mich mit meinen Ängsten und Zweifeln, meinen innersten Gefühlen auseinanderzusetzen.

Ein Abenteuer verliert viel von seinem Reiz, sobald sich der Mensch Technologien bedient, um seinen Ehrgeiz zu befriedigen. Selbst die höchsten Berge beginnen zu schrumpfen, wenn sie mit Hunderten von Trägern, mit Haken und Sauerstoffgeräten bezwungen werden. Indem er zur Sauerstoff-Flasche greift, degradiert ein Kletterer den Everest zu einem 6000-Meter-Gipfel.

Die Himalaya-Pioniere wagten sich nur vorsichtig in die extremen Höhen, ihren Weg ertastend, manchmal in kleinen Gruppen, manchmal allein. Die faszinierenden Erzählungen, die sie aus den einsamsten Gegenden der Welt mitbrachten, spornten andere Abenteurer an, ihrem Beispiel zu folgen. Diese befanden sich in Harmonie mit dem Geheimnis der Berge. Erst mit den generalstabsmäßig vorbereiteten Expeditionen der Vor- und Nachkriegsjahre und deren großer Betonung auf »Eroberung« wurde das empfindliche Gleichgewicht zwischen Abenteurer und »Unbekanntem« zerstört.

Ein Teil des Geheimnisses, das mit der extremen Bergsteigerei verbunden ist, verschwindet mit jeder Expedition. Eine Bergregion ist bald ihrer Faszination beraubt, wenn den technischen Hilfsmitteln keine Zügel angelegt werden, wenn ein Gipfelerfolg dem Bergsteiger wichtiger ist als Selbstentdeckung. Und außerdem: Der Kletterer, der seinen eigenen Kräften und Fähigkeiten weniger vertraut als Gerätschaften und Drogen, betrügt sich selbst.

Die Gesichtsmaske ist wie eine Sperre zwischen Mensch und Natur, sie ist ein Filter, der seine visuelle Wahrnehmung behindert. Eine Everest-Besteigung ohne künstlichen Sauerstoff ist die einzige Alternative zu vorhergegangenen Erfolgen, die alle mit Hilfsmitteln erreicht wurden.

»Den Everest mit fairen Mitteln bezwingen« – das ist die menschliche Dimension, und allein die ist für mich interessant.

Hans Hass

Ist die Zeit der großen Abenteuer vorbei? Nach Ansicht der meisten lautet die Antwort: Ja. Alle Kontinente sind erobert und erforscht, jeder Berggipfel ist bezwungen, in sämtliche Meere und Seen ist der Mensch fischhaft tauchend oder in der Umhüllung gepanzerter U-Boote vorgedrungen. Jede Tierart ist bekannt, auch die entlegensten Volksstämme sind kontaktiert, gefilmt. Die romantische Attraktion des Neuen, Unbekannten, Undenkbaren ist versandet ... so stellt es sich dar.

Und doch, so möchte ich meinen, ist die Zeit der großen Abenteuer längst nicht vorbei.

Zunächst ist festzustellen, daß mit dem ersten Menschen der erste Abenteurer entstand. Die Besonderheit der dem Tier überlegenen Intelligenz besteht darin, daß wir die Ursachen und Wirkungen überschauen können, die weit voneinander getrennt sind. Im Spiel unserer Phantasie können wir beliebig aus den normalen Lebensgeleisen ausbrechen, völlig ungewöhnliche Traumschlösser erbauen, Pläne ersinnen. Der nächste Schritt ist dann der Versuch ihrer Verwirklichung. Angst bremst uns, Neugier und Unternehmungslust treiben uns an. Das Verfolgen eines eigenen Weges, die Überwindung der ganz natürlichen Hemmungen, das Sich-Freimachen von den konventionellen, traditionellen Gepflogenheiten – hier ist der Punkt, wo das echte Abenteuer beginnt.

Die Wurzel jedes Abenteuers ist der Mut zur eigenen Phantasie und die schwierige Überwindung aller Hemmung, sie zu realisieren. Der Gewinn dabei ist: Selbstentfaltung, kritische Begegnung mit dem »Ich«, Neuabstecken der Selbsteinschätzung, Durchbruch zum ursprünglichen Menschsein.

Dieser Mensch wurde Mensch, indem er immer wieder Neues wagte, Neues versuchte, Neues unternahm. Stets waren es nur wenige, als Außenseiter angesehen, die solcherart vom Pfad abwichen. Unzählige scheiterten in ihrem Abenteuer, in ihrem eigenwilligen Versuch. Aber vielen gelang ein neuer Schritt in das ringsum liegende Unbekannte. Aber nicht am Erfolg ist das Abenteuer zu messen – sondern am Versuch, am Entschluß. Indem sich der Mensch überwindet, ein Kühnes, Erdachtes, von der Umwelt mit Erstaunen und Befremden Registriertes unternimmt und solcherart gegen sich selbst antritt, unterwirft er sich dem Abenteuer, bricht aus den eigenen Grenzen heraus. Dazu ist auch noch heute – und in aller Zukunft – Gelegenheit genug.

Hans Hass

Kurt Blüchel (Herausgeber)

Sie verbringen ihre Ferien im Urwald und essen Frösche und Schlangen. Sie bevölkern Bergwerkshalden und Steinbrüche, Felsstöcke und Uferböschungen – auf der Suche nach kostbaren Mineralien. Sie jagen in kleinen Sportmaschinen knapp über die Wipfel des dampfenden Dschungels und kämpfen sich auf schlanken Booten durch tosende Wildwasser. Sie setzen ihr Leben aufs Spiel – um zu beweisen, daß es frühen Völkern möglich war, mit ihren Schiffen Ozeane zu überqueren. Sie hetzen mit Hundeschlitten 1000 Meilen quer durch die Eiswüste Nord-Alaskas und schlagen sich mit Bären und Wölfen herum. Sie springen 1000 Meter tiefe Abgründe hinunter und ziehen erst knapp über der Talsohle die Reißleinen ihrer Fallschirme.

»Sich herauslösen aus einer Welt, die voller Zwänge steckt, voller Gewohnheiten, Konventionen, Uniformität. Aufbrechen, um die Welt zu erleben, wo sie noch faszinierend ist. Und endlich einmal wieder beweisen, was in einem steckt. An Energie. An Mut. An Entdeckerfreude.« Immer mehr Menschen scheinen dieses Gefühl zu teilen, wie es in einem Abenteuerreise-Prospekt auf eine griffige Formel gebracht wurde.

Ausbrechen, und sei es nur in der Phantasie, ausbrechen aus dem Hätscheldasein der Wohlstandsgesellschaft, aus dem goldenen Käfig, der auf Dauer so wenig zu ertragen ist wie jeden Tag Kuchen mit Schlagsahne.

Reinhold Messner, Prototyp des »Ausbrechers«, der Mann, den ein amerikanischer Karakorum-Bezwinger bewundernd als »the premier mountaineer of all time« bezeichnet hat, als den »Ersten Bergsteiger aller Zeiten«, steigt in die lebensfeindliche Region der Achttausender, um sein Leben zu vereinfachen. Als erster und bisher einziger Mensch ist er fünfmal auf Bergriesen geklettert, die fast neun Kilometer in den Himmel ragen.

Weltrekorde ganz anderer Art gelangen den Pionieren der modernen Unterwasserforschung, Hans Hass und Jacques Cousteau. Beide gehören zu den letzten großen Entdeckern unserer Zeit. Ihre Expeditionen in die Abgründe der Weltmeere waren gefährliche Abenteuer. Abenteurer oder Wissenschaftler? Sie waren immer beides: Abenteurer im Dienst der Wissenschaft. Sie haben durch ihren Wagemut nicht nur ihr eigenes, sondern auch unser Leben entscheidend verändert.

Das vorliegende Buch macht die Romantik der letzten erregenden Abenteuer unserer Zeit lebendig. Es rührt an einen Urtrieb, der den Tiefen des menschlichen Gemüts entspringt.

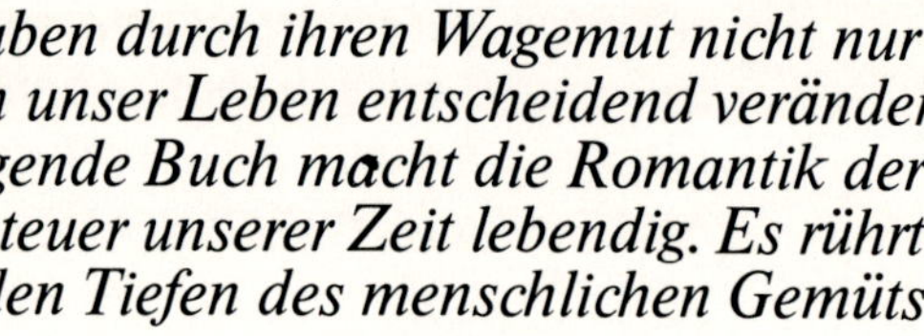

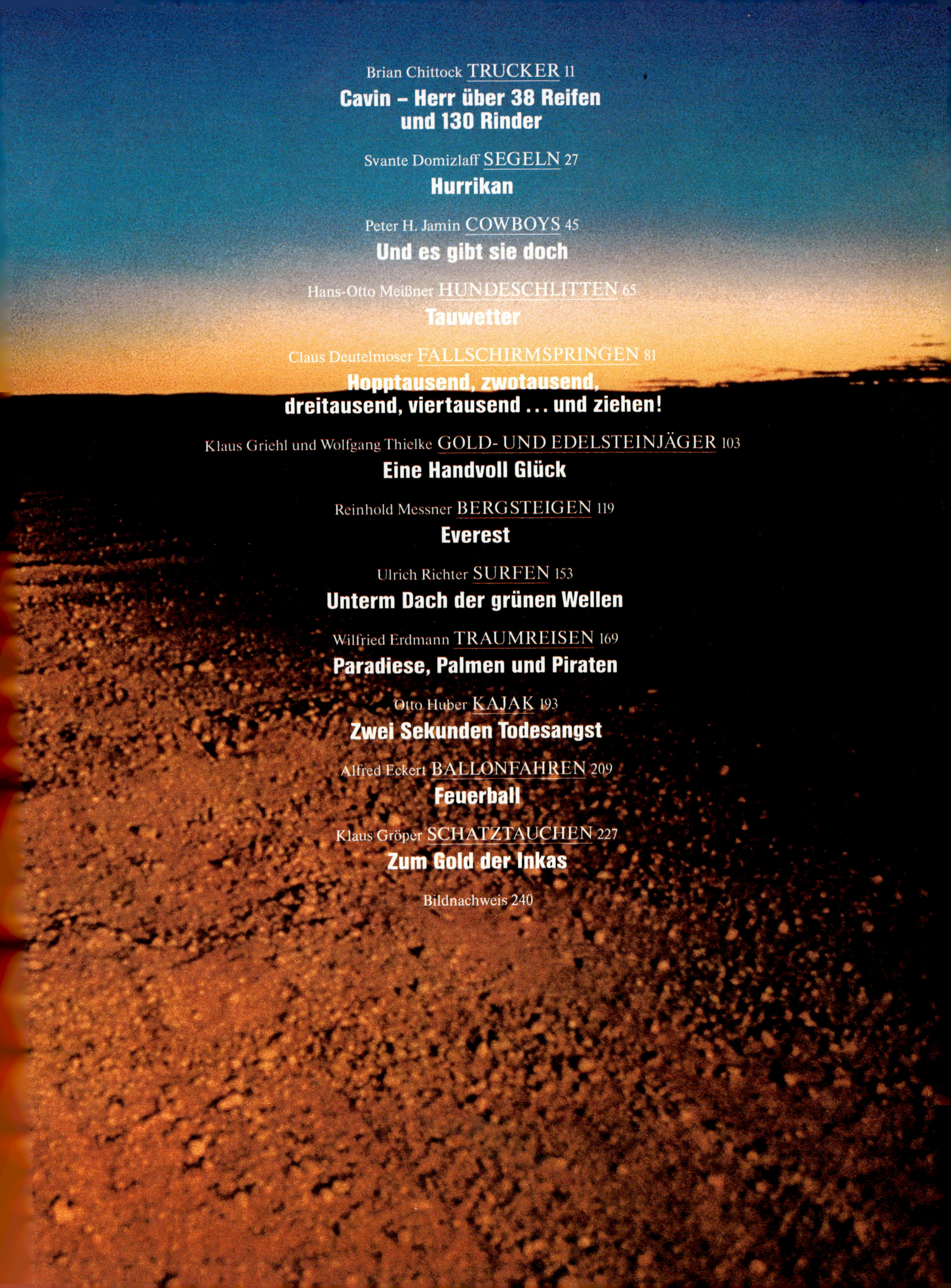

TRUCKER

CAVIN

Auf staubiger Piste durch die Wüste Australiens – 3.300 Kilometer hin, 3.300 Kilometer zurück. Ein Wettlauf mit Wetter, Material und Durst. Für Beeftrain-Fahrer ist jeder Tag ein Abenteuer.

Herr über 38 Reifen und 130 Rinder

Von Brian Chittock

TRUCKER

Radioempfang haben wir schon längst nicht mehr. Es ist unheimlich still. Die Sonne knallt aufs Autodach, und wir dösen vor uns hin. Ich lausche, wie es leise unter der Motorhaube knistert, lausche, wie der Wind sich in der Öffnung meiner Bierdose fängt und losheult. Werde von einer niederknallenden Zeitung aufgeschreckt: Gil hat eine Fliege erwischt. Diese Fliegen: Zu Tausenden verfolgen sie dich, kriechen dir in jede Öffnung. Entweder du ignorierst sie, oder du wirst verrückt. Gil ist bald soweit.
Wir warten schon ein paar Stunden. Irgendwo mitten im australischen »Outback«. Dem »leibhaftigen Arsch der Welt«, wie die wenigen Bewohner dieses Steppen- und Wüstengebiet nennen. An seiner breitesten Stelle erstreckt es sich über 30 Breitengrade. Das entspricht der Entfernung von der Schweiz nach Ghana. Wo das nächste Wasserloch liegt, wissen wir nicht. Der nächste Ort heißt Birdsville und liegt etwa 150 Meilen östlich. Er gilt als heißeste Stelle Australiens: Im Sommer steigt das Thermometer auf 70 Grad. Seine Handvoll Bürger berichtet von weiterem Ungemach: Ein Teil der Reisenden kam nie dort an.
Wir starren zum Horizont. Die Augen gebärden sich wie ein kaputter Fotoapparat: Du kannst einfach nicht scharfstellen. Du weißt nicht, wo die Wüste aufhört und der Himmel anfängt, denn dazwischen flimmert ein azurblauer See, der gar keiner ist. Jetzt taucht mitten drin ein schwarzer Punkt auf. Schiebt die Hitzewellen wie ein Eisbrecher vor sich her. Kommt näher und blitzt in der Sonne auf, als wolle er Morsezeichen senden. Gil, der Fotograf, setzt sein Teleobjektiv an und erkennt mehr: zwei aufgeblendete Scheinwerfer inmitten einer Wand aus Staub und Stein. Ein dumpfes Rumoren dringt ans Gehör. Weiter vorn lassen die Vögel aufgeregt von einem toten Känguruh ab. Das Getöse verdichtet sich, die Erde unter uns vibriert. Während die Motorkamera losrasselt, stampft der riesige »Kenworth«-Truck wie eine Lokomotive heran: sechs Meter hoch, 40 Meter lang, 130 Tonnen schwer. Das Gekreisch des Kompressors vermischt sich mit krachendem Steinschlag. Mit 100 km/h zermalmt jede der elf Achsen den Grund aufs neue: Die Wüste bebt. Wir gehen in Deckung. Suchen schleunigst Schutz vor dem Steinhagel. Anschließend tapsen wir hilflos und blind im Staub herum, fluchen und reiben uns die Augen.

Mit bis zu sechs Anhängern fahren die Trucks durch die australische Wüste. Sie ersetzen die fehlende Eisenbahn.

Der Spuk ist vorüber. Alles, was bleibt, ist ein Geruch von Vieh und Dieselauspuff. Wie ein Teppich liegt er über dem Boden. Verursacht von 130 Rindern, erbärmlich auf zwei Stockwerken im Inneren des »Beeftrains« zusammengepfercht.
So geht das jetzt schon 24 Stunden: Warten, Fotografieren, Fluchen und wieder Hinterherrasen. Die Männer hinterm LKW-Steuer haben nämlich keine Zeit für schöne Posen: Ihre Ladung soll lebend ihr Ziel erreichen. Mehr als 36 Stunden halten die Rinder in der qualvollen Enge oft nicht durch. Sie sterben an Hitzschlag oder Platzangst. Schließlich haben manche vorher noch nicht einmal einen Menschen gesehen: Auf Farmen so groß wie Belgien kann man sich ganz gut aus dem Wege gehen. Der Fahrer eines solchen Train-Trucks ist 52 Jahre alt und heißt Cavin Rossoff. Pro Jahr bringt er es auf 100 000 Meilen. Er kann sich nicht erinnern, jemals etwas anderes getan zu haben. Und er versteht nicht, wie man etwas anderes tun kann. Früher fuhr er einmal die Woche die Transaustralien-Route Darwin/Adelaide. Dieser sogenannte »Stuart-Highway« besteht meist aus grauenhafter Waschbrettpiste. Carvin: »Jede Woche das gleiche, 3 300 Kilometer hin, 3 300 Kilometer zurück, da grüßen dich die Känguruhs.« Seine Ladung damals: 70 000 Liter Sprit. Das langweilte ihn.
Carvin stieg also bei »McIver-Brothers« in Dalby ein. Die Gebrüder haben sich darauf spezialisiert, Rinder und Schafe von den entlegenen Farmen zu den Schlachthöfen an der Küste zu transportieren. Da es kaum Eisenbahnen gibt, geht das Geschäft gut: Bis zu 40

»Beeftrains« sind im Einsatz. Zusammen fahren sie pro Woche lokker eineinhalb mal um die Welt. »Jungs, jetzt sagt mir doch endlich, was ihr wollt« – Bruce McIver, der Boss, starrt uns verständnislos an. Weder die Empfehlung vom australischen Bundespresse-Amt noch unsere wortreichen Erklärungen leuchten ihm ein. Er kann sich einfach nicht vorstellen, was zwei Journalisten aus Deutschland über seine »Beeftrains« berichten wollen. Da kommt mir die Erleuchtung: Ich ziehe meine Visitenkarte heraus, die mir D. S. Mackintosh, der Leiter der Mercedes-Vertretung in Brisbane, gegeben hat:

Wenn Kenny auftaucht, flüchten Entgegenkommende ins Gelände. Aus Angst um die Windschutzscheibe.

»Wissen Sie, wir von Mercedes wollen uns das hier alles mal ganz genau ansehen.« Die Augen von Bruce McIver leuchten auf: Warum wir das nicht gleich gesagt hätten? Merke: Eine Visitenkarte von Daimler nutzt dir im Outback mehr als die Empfehlung vom Ministerpräsidenten. Denn den kennt hier draußen sowieso keiner. Wir dürfen also mitfahren. Selbstverständlich im Prunkstück des Hauses: ein nagelneuer »Kenworth«. Kaufpreis 140 000 australische Dollar, also 350 000 Mark. Der muß jetzt vier Jahre oder 400 000 Meilen halten. Danach platzen sämtliche Nieten, und das gute Stück wird ausgemustert: für den Gebrauch auf »Highways«, den asphaltierten Straßen an der Küste. Von 864 000 Kilometern Straße kommt in Australien nämlich noch nicht einmal ein Viertel in den Genuß eines festen Belages. Carvin, der das Vergnügen mit uns hat, ist nicht gerade entzückt. Als er unseren kleinen Begleit-Mazda sieht, schlägt er die Hände überm Kopf zusammen. Wir verstehen: Er will kein Kindermädchen spielen.
Wir wollen wissen, wo die Reise hingeht. Cavin kramt eine Postwurfsendung aus dem Handschuhfach. Auf der Rückseite ist mit Bleistift eine Streckenskizze hingekrizzelt worden. Er zieht die Augenbrauen hoch: »Irgendwo westlich von Birdsville, ich schätze, so 100 Meilen, durch ein ausgetrocknetes Flußbett müssen wir wohl auch.« Ich frage, ob wir das mit unserem Mazda wagen können. Seine Antwort fällt typisch australisch aus: »Selbstverständlich könnt ihr das wagen, ich würde das zwar auf keinen Fall riskieren, aber ihr könnt das natürlich machen.« So ist das hier: Australien ist ein freies Land, und jeder hat das Recht, sich umzubringen.
»Warnung für Reisende. Überprüfen Sie ihre Lebensmittel, Benzin und Wasservorräte. Die nächste Vorrats-Station befindet sich in Windorah. 168 Meilen westlich.« Das Schild am Ortsausgang von Charleville signalisiert das Ende jeder Zivilisation. Schluß mit dem Teerbelag. Schluß mit den wenigen Tankstellen. Cavin ist gut gerüstet:

● Elf Achsen brauchen einen starken Motor: 12 Zylinder bringen 400 PS (links unten). Im Round-up geht es zu den Stehplätzen in die obere Etage (links oben). Die Farmen sind riesig, diese ist so groß wie Belgien (unten). So grün ist die Piste nur in der Regenzeit. Aber dann macht der Matsch die Fahrt zur Hölle (unten).

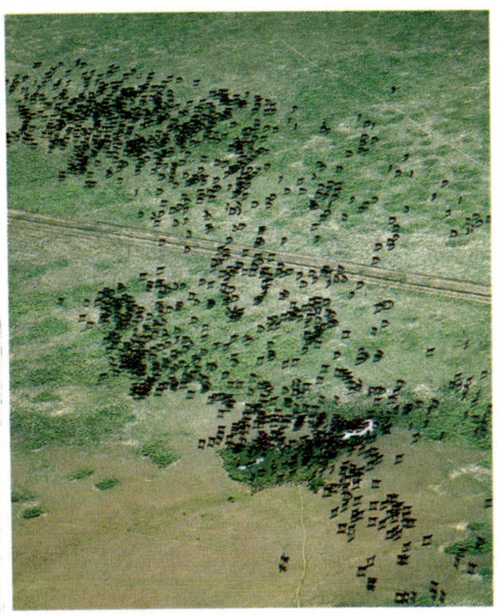

Wenn die Trucks kommen, bebt die Wüste. Elf Achsen zermalmen die sandige Piste zu schwebendem Staub.

Die Kühlerfigur signalisiert Kraft, die Aufschrift Gefährlichkeit. Was bei hunder

achen den Rammbock berührt, fällt tot um – zum Beispiel Känguruhs.

1500 Liter Diesel hat er dabei, genug für 1500 Kilometer. Seit Dalby ist er gut vorangekommen: keine Ladung, schnurgerade Straße, guter Belag. Der übrige Verkehr – soweit vorhanden – kümmert ihn nicht. Wo immer der »Kenny« auftaucht, flüchten Entgegenkommende ins Gelände. Zu solch wilder Panik führt in erster Linie die Angst um die eigene Windschutzscheibe.
Aber jetzt steht ihm die untergehende Sonne direkt im Gesicht. Er kann den Weg, der immer schlechter wird, nur noch erahnen: Im Zweifelsfall geht's immer geraus. Deshalb lüftet er den Gasfuß

Rote Reflexe in der Dunkelheit. Eine Rinderherde beim Nachtmarsch auf der Fahrbahn. Cavin läßt die Schiffssirene heulen.

nicht um einen Millimeter. Erbarmungslos treibt er den Cummins-Zwölfzylinder-Diesel voran. Fast 20 Liter Hubraum und 400 PS sind hier am Werk. Der Drehzahlmesser pendelt bei 2000 Umdrehungen, der Tacho bei 90 – 100 km/h, der höchste Gang ist eingelegt: Nummer 15.
Die Vorderachse – sie ist fast so schwer wie ein VW-Polo – stampft und hüpft über knöcheltiefe Querrillen. Das ganze Führerhaus wakkelt und schüttelt. Cavin kurbelt wie wild am Lenkrad, das bestimmt einen Meter Durchmesser hat. Dann ein dicker Felsbrocken. Es ist zu spät zum Ausweichen. Cavin trifft mit dem rechten Vorderrad. Alleine das Zuschauen tut weh: Wie er halb hinter dem Lenkrad steht, mit gekrümmtem Rükken den Schlag abwartet, dann zusammenzuckt und mit schmerzverzerrtem Gesicht fürchtet, daß das Auto zerbricht. Beim Aufprall ist das Handschuhfach aufgesprungen und die Taschenlampe herausgeflogen. Cavin lenkt mit der rechten Hand weiter und fingert mit der linken unter dem Sitz, um die Lampe zu finden. Sieht jetzt kaum noch über das Armaturenbrett, findet die Lampe und läßt sie wieder fallen, weil der gefederte Sitz ihn im falschen Moment nach oben katapultiert. Verreißt das Lenkrad ein bißchen und kommt aus der eingefahrenen Spur. Wie Granaten schlagen die Steine in den Radkästen ein. Wieder das schmerzverzerrte Gesicht. So geht das Stunden um Stunden. Aber Cavin bleibt auf dem Gas und sagt auch warum: »Wenn du langsam fährst, fällst du in jedes Loch, bei Vollgas triffst du nur jedes dritte.«
Natürlich sind seine Bandscheiben kaputt. Die Nieren tun es wohl auch nicht mehr so richtig. Warum quält sich Cavin denn bloß noch mit diesem Job herum? Doch nicht wegen der 300 Dollar wöchentlich, auf die er es bei Meilenschinderei bringen kann? Ganz zu schweigen von seiner Frau und den zwei Söhnen in Dalby, die er oft über sechs Wochen nicht sieht. Bevor er antworten kann, zieht er wieder das Rückgrat ein: Wir geraten in tiefen Staub, die Räder werfen solche Fontänen auf, daß die Motorhaube darin verschwindet. Der Staub dringt durch jede Ritze, wir können kaum noch atmen. Cavin hustet und schaltet die Scheibenwischer ein. Quietschend sorgen sie für freie Sicht.
Cavin, den sie in den Trucker-Kneipen Adelaides »Ross« nennen, beginnt plötzlich von allein zu reden. Er will mir keine Gelegenheit mehr geben, weitere blöde Fragen wie vorhin zu stellen. »Das hier«, so meint er, »ist ja noch gar nichts. Wenn es hier in der Regenzeit mal schüttet, dann verwandelt

● Fontänen aus gelbem Staub zeigen kilometerweit, daß ein Truck näher kommt. Fernfahrerromantik am Rastplatz: Am Lagerfeuer werden die jüngsten Trucker-Erlebnisse ausgetauscht, und die neuesten Witze kursieren. Nach einem kräftigen Schlummertrunk aus der Whiskey-Flasche schlagen die Fahrer ihr Nachtlager gleich im Freien auf.

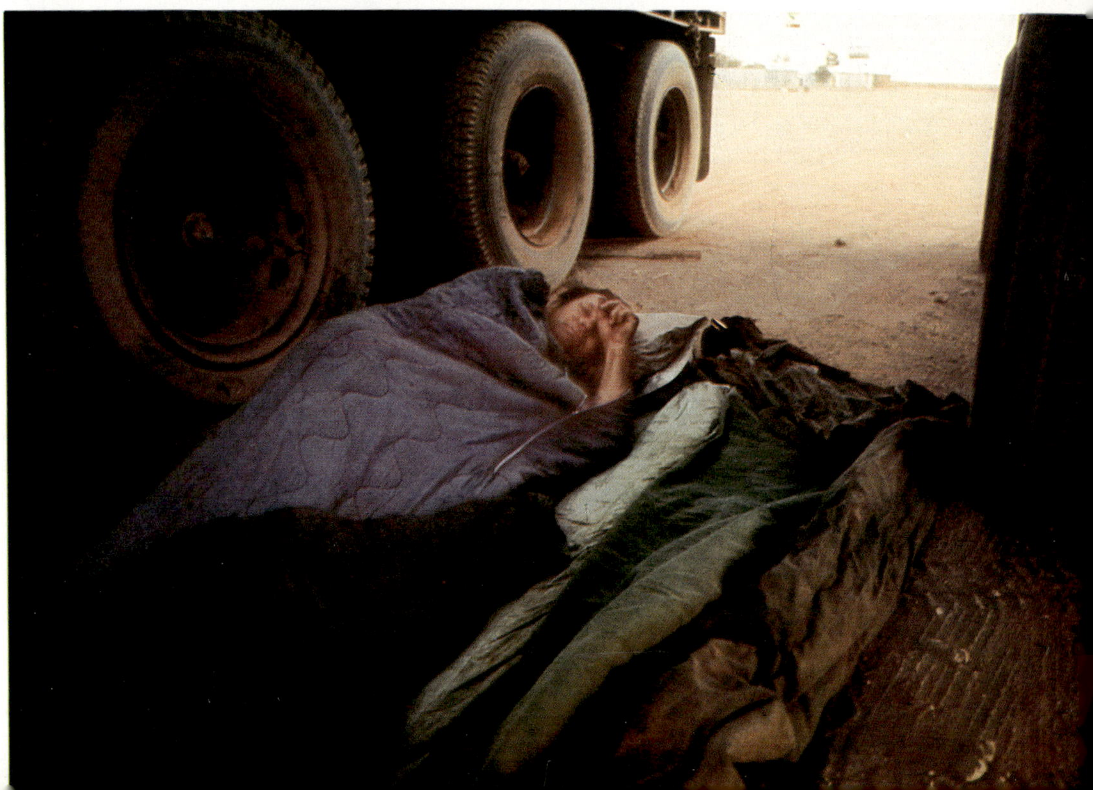

sich der Staub in einen klebrigen Morast. Wenn du aussteigst, zieht es dir die Stiefel aus. Das ist ein Alptraum, sage ich dir. Du steckst oft Tage fest und kannst nichts tun als Hasen schießen.«
Es ist Nacht geworden. Die starken Halogenscheinwerfer bohren sich durch die Dunkelheit. Die Wüste beginnt zu leben: Überall wieselt es, huschen Schatten zur Seite. Plötzlich springt ein Känguruh auf die Fahrbahn. Ein sogenanntes »red kangaroo«; so groß wie ein Mensch. Das Tier schlägt Haken,

Draußen gibt's Schlangen. Drinnen faustgroße Spinnen auf dem Klo und jede Menge Insekten. Irgendwie schlafen wir trotzdem.

hüpft um sein Leben. Aber es gelingt ihm nicht, aus dem Lichtkegel zu entkommen. Ein ganz leichtes Anstoßen, dann verschwindet das Beuteltier unter der Haube. Cavin verzieht keine Miene. Ausweichen kann er nicht und zum Anhalten braucht er zwei Fußballfelder.
»Nachts kommt das ganze Getier zur Straße, weil es da am wärmsten ist«, klärt mich Cavin auf. »Auch Pferde und Kühe werden wie magisch angezogen. Aber dem da«, und Cavin deutet auf den riesigen Rammschutz aus massivem Stahl, »macht noch nicht mal ein ausgewachsener Bulle was aus.« Dann grinst er mich verschmitzt an: »Habt ihr nicht in Berlin diese Mauer? Wenn ich da ankäme, was glaubst du, wie die Russen stiften gingen!« Plötzlich tauchen voraus lauter kleine rote Reflexe auf. Wie von der Tarantel gestochen springt Cavin hoch und reißt an einer Kette, die am Dach angebracht ist. Eine Schiffssirene heult los, daß die Ohren schmerzen. Die roten Reflexe trollen sich zur Seite. Im vorbeirauschen erkenne ich gerade noch die rot leuchtenden Augen einer Rinderherde. Jetzt grinse ich: »Wie war das mit der Mauer?«
Die Lichter von Windorah kommen langsam näher. Sehr langsam: Jedesmal wenn du glaubst, jetzt bist du da, macht die Straße wieder einen Bogen. Eine Lichtquelle ist hier nämlich 50 bis 60 Kilometer vorher auszumachen. Aber eigentlich ist die Ungeduld überflüssig. Windorah, was ist das schon: sieben Wellblechhütten (abgezählt) und ein sogenanntes »Roadhouse«. Bei etwas freizügiger Interpretation könnte man das mit »Raststätte« übersetzen.
Aber immerhin: Cavin ist etwas freundlicher geworden, und auch der Mazda lebt noch (dabei sollte es wider Erwarten auch bleiben). Vor dem »Roadhouse« lagern einige »Aborigines« – australische Ureinwohner. Außer Benzin gibt es hier nämlich auch Alkohol – und dem sind die vom weißen Mann aus der Bahn Geworfenen hoffnungslos verfallen. Wir treten ein und setzen uns an die hölzerne Theke. Niemand da. Ich schaue mich um: An der Decke versucht ein großer Quirl vergeblich die Hitze zu lindern. Hinter der Theke ein Schild: »Essen wird von acht bis acht serviert. Fernfahrer kriegen unseren Fraß zu jeder Zeit.« Außer

Bier und Essen werden noch Benzinkanister, Sonnenbrillen und Schuhe zum Verkauf geboten. Auch ein Posten weißer Hemden liegt im Regal. Wer die hier bloß braucht?
Immer noch niemand da. Cavin setzt die Musikbox in Gang. Das ist höflicher als Pfeifen. Schließlich braucht man die Leute hier. Und die wissen das: Benzin ist beispielsweise dreimal so teuer wie in der Stadt. Country-Musik erklingt, kann sich aber kaum gegen den lauten Diesel-Generator durchsetzen. Endlich schlürft eine ältere Dame herein und knallt uns grußlos die Speisekarte hin.
Die Auswahl hält sich in Grenzen. Ein Hamburger mit Chips: 1 Dollar; zwei Hamburger mit Chips: 1,90 Dollar; zwei Hamburger mit einer doppelten Portion Chips : 2,30 Dollar. Die Hamburger schmecken wirklich nicht schlecht. Dann beschließt die Wirtin, endlich mal wieder den Boden zu fegen: »Jungs, rückt mal was, damit ich unter den Tisch komme.« Staub wirbelt auf, hüllt den ganzen Raum ein. Die Hamburger können wir vergessen: Dicker grauer Staub liegt auf dem Ketchup. Wäre ja auch zu schön gewesen. Dafür ist das Bier eiskalt.
Cavin macht den Vorschlag, ein paar Stunden zu schlafen. Er in seiner Kabine, wir sollten hier nach einem Zimmer fragen. Wir klemmen noch ein paar Dosen Bier unter den Arm und folgen unserer Köchin zu den Gemächern. Auf dem Flur hält sie inne und stößt eine Tür auf: »Das ist die Toilette.« Ich sehe gerade noch, wie ein paar

● Kostbares Naß – Wasser ist in der australischen Wüste so wertvoll wie Sprit. Aus seiner Kabine sieht der Fahrer die Welt wie vom Aussichtsturm. Kontrollen vor jedem Start ersparen zeitraubende Reparaturen. Die bedeuten oft den Tod der Rinder, machen die Fahrt zum Verlustgeschäft.

faustgroße Spinnen das Weite suchen. Gil bricht der Schweiß aus. Mir auch. Im Zimmer steht die Luft. Wir diskutieren: im Auto schlafen? – Zu unbequem. Unter freiem Himmel im Schlafsack? – Angst vor Schlangen. Also bleiben. Ich greife zu einer Dose Insektenspray. Auf die Haut aufgetragen, soll das Zeug vor Stichen schützen. Irgendwie schlafen wir ein.
Cavin draußen in seiner Koje kann nicht schlafen: Er ist immer noch am Lenken, zieht immer noch den Rücken ein … Er greift zu seinem Hausmittel: eine Flasche weißer Rum und Tabletten. Gleich zwei Stück. Am Morgen ist die Flasche zu einem Drittel leer. Das bißchen Restalkohol nimmt er fürs Ausgeschlafensein gern in Kauf. Selbst wenn's hier einen Polizisten gäbe, könnte er nichts wollen: Bis der »Flying Doctor« – der fliegende Arzt – zum Blutabzapfen einträfe, würden sechs Stunden vergehen. Bis dahin ist Cavin aber längst wieder nüchtern. Ganz abgesehen davon, daß die Ärzte hier was Besseres zu tun haben.
Morgengrauen. Wir sind übersät mit Stichen. Gil nimmt nachdenklich die Spraydose in die Hand, liest den Text. »Expeditionsbewährt steht hier«, er schüttelt den Kopf: »Wahrscheinlich meinen die, damit kannst du deinen letzten Kumpel umbringen.« Cavin ist schon auf und klopft mit einer Eisenstange die Reifen ab. Beruhigt konstatiert er, alles sei ok: So ein Satz Reifen kostet rund 25 000 Mark. Nebenan bricht die Besatzung einer Cessna auf. Das kleine Flugzeug ist total überladen. Keiner der Insassen ist unter 60 – den Piloten eingeschlossen. »Amerikanische Touristen«, schmunzelt Cavin, »die wollen nach Alice Springs.« Entgegen allen Gesetzen der Schwerkraft sollen sie dort auch angekommen sein.
Wir fahren wieder. Rechts liegt ein ausgebrannter Truck. Ein Ungetüm aus rostigem Stahl. 15 Achsen starren in den Himmel. Das letzte Gespann ist nur 3 Kilometer weit weg. Cavin zuckt mit den Schultern – das ist unser Risiko. Wer einschläft, bei 100 Sachen mit ein paar Tonnen im Rücken, hat gleich einen Sarg ohne Beerdigung, ohne Pfarrer. Bald grinst er wieder. Voraus ein Truck mit sechs Anhängern. Das Monstrum ist 90 Meter lang. Cavin folgt – wie im Nebel – der Staubfahne des anderen. Jetzt ist er nah genug heran, drückt das Signalhorn. Mit einer Phantasie-Melodie antwortet der andere. Cavin schiebt sich auf die rechte Spur. Meter um Meter an dem Giganten vorbei. Wir zählen: 22, 23, 24, 25, 26, 27, 28 Achsen. Im roten Staubschleier taucht das Fenster des Fahrers auf. Das Pausbackengesicht eines Truckers wird sichtbar. Die vielen Pommes-frites sieht man ihm deutlich an. Er grinst. Ich auch. Noch einmal Schlagabtausch der Melodien – dann folgt er unserem Staub.
Nicht immer ist Cavin eindeutig der Schnellere. Dann gibt es haarsträubendes Nebeneinanderfahren – kilometerlang. Und nicht die Stärke des Trucks gibt den Ausschlag, sondern das Durchhaltevermögen des Fahrers. Trotz der vielen Unfälle gehört dieses Spielchen zu den Lieblingsbeschäftigungen der Fahrer. Und an der nächsten Raststätte gibt's einen kräftigen Händedruck für den Sieger. Derbe Sprüche und Verwünschungen sind normal. Cavin genießt sie als

Der Kontakt zwischen Viehzüchtern und Außenwelt erfolgt per Funk. Sei es Schulunterricht oder ärztlicher Rat.

»Beim Überholen kannst du ruhig die Augen zumachen. Du siehst sowieso nichts. Der Staub ist wie Londoner Nebel.«

MOTEL
TEXACO
TEXACO
MOTEL

Anerkennung – wie andere ein Lob.
Gegen vier Uhr morgens erreichen wir Coober Pedy, die Opalstadt. Nur ein Drittel aller Behausungen ragt über den Erdboden. Tankstelle, Hotel, Snackbars und Buden, in denen es Opale zu kaufen gibt. Der Rest der Stadt liegt unter penibel abgesteckten Claims, alle mit abschreckenden Warnungen versehen: »Lebensgefahr«, »Selbstschüsse«, »Eintritt verboten« – eine Maulwurfstadt. Hügel an Hügel, Loch an Loch. Leitungsmasten signalisieren: Es gibt unten elektrisches Licht. Wir fahren auf jener Straße hinaus, auf der ein Dampfwalzenfahrer einen riesigen Opal fand. Cavin lacht über mich, als ich während der Weiterfahrt unverwandt aus dem Fenster in den Straßengraben stiere.
Wir biegen von der Staatsstraße Nr. 87 ab. Wir suchen die Farm. Die nächsten zwölf Stunden. Wieder Bleifuß, wieder den Rücken einziehen, fahren, fahren. Die Straße wird noch schlechter, die Landschaft noch monotoner. Hitze und Staub, die Lippen platzen, die Kehle entzündet sich. Auch Cavin wird unaufmerksamer, übersieht einen »grid« – einen ausgetrockneten Bewässerungsgraben. Der Schlauch vom Kühler reißt ab, wertvolle 100 Liter Wasser rinnen in den Sand. Wir müssen warten, bis der Motor abkühlt. Cavin nützt die Zeit, um mit einem Schraubenschlüssel und Augenmaß die vordere Spur nachzujustieren. Der Schlauch läßt sich gottseidank wieder befestigen. Mit unseren eigenen 25 Litern Wasser Vorrat reicht

● Auch in Amerika führen die Trucker ein bewegtes Leben. In der Enge der Stadt wirken ihre Züge wie chromblitzende Monstren. Doch die Giganten sind kein Verkehrshindernis. Sie sind nicht nur auf schnurgeraden Highways verkehrstauglich. Schnell und zügig bringen sie ihre Fracht ans Ziel.

es eben, um den Kühler wieder vollzukriegen. Jetzt sind wir akzeptiert.
Wir haben Zeit verloren. Dennoch müßten wir bald an der Farm sein. Cavin zögert jetzt schon an Weggabelungen: Sind wir noch richtig? Vor 100 Kilometern stand das letzte Hinweisschild. Seitdem orientieren wir uns an Gabelungen, Flußdurchfahrten und Gattern. Ab und zu eine totgefahrene Kuh am Wegesrand: Sind wir vielleicht doch nicht richtig? Der Fäulnis-Geruch solcher Kadaver ist unerträglich. Sobald so ein Gerippe auftaucht, heißt es, Nase zuhalten bis mindestens 100 Meter danach. Sonst kommt dir sofort die letzte Mahlzeit hoch.
Die Sonne steht uns jetzt wieder im Gesicht. Gil will einige Fotos aus dem fahrenden Auto machen. Mit Vollgas donnern wir vor Cavin her. Geblendet übersehe ich ein gewaltiges Loch. Gil knallt mit der Kamera auf der Nase gegen den oberen Rahmen des Seitenfensters. Die Kamera ist ok. Die Nase leider gebrochen. Gil spricht nicht mehr mit mir. Aber wir können nichts tun als zuschauen, wie sie anschwillt, blau und rot wird. Ich versuche ihn zu trösten: »Jetzt brauchst du dir die Nase wenigstens nicht mehr zuzuhalten.« Keine Antwort. Kein vergebender Blick.
Cavin trampelt plötzlich auf die Bremse. Kreischen, Poltern, wir stehen. Gerade noch rechtzeitig. Vor uns wälzt sich eine trübe braune Flut vorbei. Eins der achsenbrechenden Creekbeds führt Wasser. Rundum ist alles grün, Blumen blühen. Ein Spuk? »In den Bergen hat's geregnet.« Cavin sagt das so selbstverständlich, wie er den Motor abstellt. Ein paar Stunden soll es dauern, bis das Wasser abgelaufen ist. Durchfahren ist nicht drin, meint er. Ein Fragment einer einstmals rotweißen Stange zeigt den Wasserstand an; drei Meter. Wir rasten. Viereinhalb Stunden.
Endlich kommt uns ein Pickup entgegen: Die Cowboys der »Koolivoo-Farm«. Bereits am Vortag haben sie die Rinder mit ihren Motorrädern eingefangen und in einem großen »Roundup« gesammelt. Auf dem Weg dorthin passieren wir die eigentliche Farm: ein Wasserrad und ein großes Wellblechgebäude. Frau und Kinder stehen in der Tür und winken fröhlich – um die Fliegen zu vertreiben. Medizinisch sind sie auf Hilfe aus der Luft angewiesen. Entweder besagter »Flying doctor« wird eingeflogen oder aber – in leichten Fällen – eine Therapie per Funk verordnet. Auch die Schule kommt durch den Äther: täglich zwei Stunden Funkkolleg. Nur die sexuelle Versorgung läßt sich so leider nicht aufrechterhalten. Der Farmer hat seine beiden halbwüchsigen Söhne daher in die Stadt auf die Highschool geschickt. Sollen sie bloß eine gesunde Frau mitbringen. Ansonsten befindet sich das nächste unverheiratete weibliche Wesen 300 Kilometer weiter nördlich in Boulia.
Das Verladen ist eine grausame Prozedur: Mit Elektroschocks und Knüppeln werden die Rinder in die beiden Anhänger geschoben. Sie verklemmen sich und schreien vor Todesangst. Sie rutschen auf dem Aufgang zur zweiten Etage aus und reißen sich ganze Hautfetzen vom Leib. Überall Blut, im Inneren der Anhänger poltert es wie in einer Geisterbahn. Das ist kein Job für Tierfreunde. Aber Hand aufs Herz: Sie essen auch gern Steaks. Cavin ist heiser vom Schreien und naßgeschwitzt vor Anstrengung. Dichter Staub liegt über dem Roundup, und die Sonne verschwindet allmählich am Horizont. Für Cavin läuft jetzt der Countdown: Bis nach Normanton oben an der Küste sind es 30 Stunden Fahrt. Da darf nicht viel dazwischenkommen, denn die im Schlachthof wollen die Rinder lebend. Noch lebend.
In einem stinkenden Tümpel wäscht er sich, läßt sich von den Cowboys noch schnell einen Kaffee brauen und macht sich auf den Weg: 30 Stunden lenken, schalten, den Rücken krümmen und Angst haben, die Karre verreckt. 30 Stunden Hitze, Staub, Einsamkeit und Fliegenschwärme. 1000 Meilen Schlaglöcher eine Herde durstiger blökender Rinder im Nacken. Danach abladen und ein paar Stunden Schlaf. Und dann geht für den Herrn über 38 Reifen und 130 Rinder alles von vorn los: sechs Wochen lang Dreck, Staub und Rinder. Miles are money…

● Begegnungen mit Vergangenheit und Zukunft im Wilden Westen: Cowboys und Einmannhubschrauber. Wie ein Weihnachtsbaum donnert dieser Road-Train mit seinen Scheinwerfern durch die Nacht.

»Abenteuer kann man nicht kaufen. Man muß sie auch nicht suchen. Sie sind überall – man muß sie nur spüren.«

SEGELN

Hurrikan

Regattasegeln ist ein Sport, ein Vergnügen – solange der Wind aus der richtigen Richtung bläst und die Sonne scheint. Denn Segeln, das ist Fahren mit der gezähmten Kraft des Windes.

Einer göttlichen Energie. Doch wehe, wenn sie außer Kontrolle gerät, wenn aus der harmlosen Brise ein gefährlicher Orkan wird, ein Tornado, ein Hurrikan. Dann werden die schnellen Schiffe zu Spielbällen der Naturgewalt – wie bei der Fastnet Regatta.

Von Svante Domizlaff

SEGELN

Es war ein kühler, funkelnder Sommermorgen. Die saftig-grünen Wiesen und Knicks der Isle of Wight zitterten unter der Berührung der frischen Brise aus Südwest. Zwischen der Insel und dem englischen Festland wälzte sich braun die ablaufende Tide durch die Meerenge von Solent.
Seit Tagesanbruch jenes 11. August herrschte in dem kleinen Städtchen Cowes Unruhe. Die Besatzungen von 303 Hochseeyachten rüsteten ihre Schiffe für die Fastnet-Regatta aus, das bedeutendste Hochseerennen der Welt. Alle zwei Jahre im August wird diese Regatta gesegelt. Der Kurs führt zunächst entlang der südenglischen Küste, dann über die Irische See nach Südirland. Dort steht der Fastnet-Felsen mit seinem großen Leuchtfeuer – die Wendemarke. Zurück geht es an den Scilly-Inseln vorbei ins Ziel vor der Hafenstadt Plymouth. 605 Seemeilen lang ist der Kurs, das entspricht etwa der Strecke Flensburg – Garmisch. Es war ein Morgen, wie man ihn sich zum Segeln nicht schöner vorstellen kann. In verschiedenen Klassen nach Größe aufgeteilt, gingen die Schiffe an den Start. Alle halbe Stunde kündete der Donner der bronzenen Startkanonen an, daß wieder eine Gruppe auf die Reise geschickt worden war. Keiner wußte zu diesem Zeitpunkt, daß das grollende Echo Auftakt zu einer der fürchterlichsten Katastrophen würde, die die Sportsegelei je betraf. Gegen Mittag waren mit den großen 22-Meter-Yachten die letzten Schiffe gestartet. Zu den größeren Schiffen gehörte auch die Hamburger Yacht »Tina« mit ihrer zwölf Mann starken Besatzung. An Bord war man guter Dinge. Die »Tina« hatte sich als eine der schnellsten Yachten der Flotte erwiesen, und es bestand berechtigte Hoffnung auf einen der ersten Preise.
Mit kurzen Schlägen kreuzte sie hoch am Wind durch die Meerenge. Der Segeltrimm war perfekt, die Stimmung gehoben. Schon nach kurzer Zeit hatte die »Tina« die ersten Yachten der zuvor gestarteten Klasse eingeholt. Der starke Tidenstrom saugte das Schiff mit hoher Geschwindigkeit hinaus in die Weite der offenen See, wo sich die Kraft des Stromes verlor. Von der Steilküste winkten ein paar Menschen hinab zu der Regattaarmada, doch schon bald war jedes Schiff für sich allein. Die Bordroutine begann. Vier Stunden Wache, vier Stunden frei. Ein Teil der Flotte erhoffte sich günstigen Wind dicht unter Land, andere meinten, weiter auf See bessere Verhältnisse zu finden. Auf der »Tina«, die den zweiten Weg gewählt hatte, lief alles wie am Schnürchen. Faul lag die Freiwache an Deck und ließ sich von den Strahlen der Augustsonne erwärmen. Die Stürme und harten Regatten der letzten Tage waren vergessen – ja, so konnte man der Hochseesegelei wirkliche Erholung abgewinnen. Eine leichte Brise, eine ruhige See und gute Sicht.
Viele tausend Kilometer weiter im Westen, über den Great Plains, im Norden der Vereinigten Staaten, zog ein Unwetter auf. Die heiße Luft über den weiten Getreidefeldern hatte sich mit kalter, aus Ka-

● Mit vollen Spinnakkern in den Orkan: Teilnehmer auf Vorwindkurs. Gary Dobson, der Steuermann der Siegeryacht. Das zwanzig Tonnen schwere Schiff »Tenacious« konnte das Unwetter heil überstehen. Die schwere Ausrüstung hielt der Kraft des Orkans stand.

nada einfließender Luft zu einem tornadoähnlichen Wirbel vermengt. Der Himmel verfinsterte sich, und am Nachmittag fiel das Unwetter mit Hagel, Regen und Sturm über die Stadt Minnesota her. Meistens lösen sich diese gefährlichen kleinen Tiefdruckwirbel schon nach kurzer Zeit wieder auf. Dieser jedoch zog weiter, eine Spur der Zerstörung hinter sich lassend. New York City bekam noch am Nachmittag etwas ab, und die Yachthäfen an der amerikanischen Ostküste wurden wenig später von der schwarz aufziehenden Wand verdunkelt.
Die meisten Boote konnten sich rechtzeitig in Sicherheit bringen, doch auf seinem Weg entlang der Küste nach Norden richtete der Wirbel in manchem Hafen Schaden an.
Am folgenden Morgen verließ das kleine Tiefdruckgebiet die Küste von Neufundland und zog in der Westwinddrift über den Nordatlantik Richtung Europa.
Von dieser Entwicklung wußte man an Bord der »Tina« ebensowenig wie auf allen anderen 302 Yachten der Flotte. Hier im Kanal stellte sich inzwischen ein anderes Problem. Während der Nacht war Nebel aufgezogen, und die Sichtweite betrug kaum noch 100 Meter. Der Kanal ist eine der meistbefahrenen Wasserstraßen der Welt, und es galt nun, Augen und Ohren offenzuhalten, um Kollisionen zu vermeiden.
Es wehte noch immer leicht bis mäßig aus Südwest. So hatte man auf den Yachten nicht viel zu tun, außer Ausguck zu halten. Tauchte einmal eine andere Yacht aus dem Nebel auf, so blätterten die Segler aufgeregt im Regattaprogramm nach, um an der Größe des Schiffes herauszufinden, wie gut sie im Rennen lagen. Einmal am Tag wurden die Positionen über Radiotelephon

Die Stimmung war trostlos. Regen draußen und Mief drinnen. Eine gewaltige Dünung ließ das Schiff auf und nieder tanzen.

zusammengetragen, und dann konnte man sich ein gutes Bild der Lage machen. Die »Tina« lag am Abend des zweiten Tages in aussichtsreicher Position, an der Spitze ihrer Klasse.
Es begann bereits zu dämmern, als sich die »Tina« zusammen mit einem Dutzend anderer Schiffe dicht unter dem Vorgebirge von Cap Lizard in nahezu vollständiger Flaute fand. Der Nebel hatte sich etwas gehoben und verdeckte nur noch den oberen Rand der Steilküste. Aus den Wolken brüllte das Nebelhorn vom Leuchtturm Lizard einen Warnton über die See.
Mit dem Kentern der Tide setzte eine leichte Brise aus Süd ein. Sofort sprangen die Schiffe an und konnten nun mit leicht gefierten Segeln Kurs auf Land's End steuern. Die ganze Nacht hindurch nahm der Wind an Stärke zu, und alles schien darauf hinzudeuten, daß nun endlich die in der Flaute verlorenen Meilen gutgemacht werden könnten.
Groß war die Enttäuschung, als man sich bei Tagesanbruch erneut in einer Flaute fand. Verzweifelt wechselte man nicht nur auf der »Tina« immer wieder die Segel, um auch den leisesten Hauch aufzufangen und in Fahrt umzusetzen.
Es war nicht gerade gemütlich auf dem Schiff. Unter Deck hatte sich jener Mief breitgemacht, der entsteht, wenn zwölf Mann auf engstem Raum zusammenleben. Die Luken mußten dicht gehalten werden, denn aus dem finster dreinblickenden Himmel regnete es Bindfäden. Eine gewaltige Dünung ließ das Schiff auf und nieder tanzen, und durch die unkontrollierte Bewegung schlugen die Segel an den Mast. Oft so laut wie Pistolenschüsse. Die Stimmung war gereizt. Den anderen Mannschaften ging es nicht besser. Nahe der »Tina« lag die amerikanische »Williwaw«, ein Schwesterschiff, ebenso

hilflos. Noch einige andere Yachten waren zu erkennen. Die »Red Rock« aus Argentinien, die »Golden Apple of the Sun« aus Irland und »Aries«, eine weitere Yacht aus den USA.
Die Positionsmeldungen am Nachmittag ergaben, daß es den anderen Yachten weiter achteraus auch nicht besser erging. Die »Tina« hatte ihre gute Position verteidigt. Doch wann würde endlich Wind kommen?
Endlich schien sich eine Brise aus Süden durchzusetzen. Im Nu war der Spinnaker gesetzt, und bald zeigte das gurgelnde Kielwasser gute Fahrt an.
Stetig nahm der Wind zu. Schließlich steckte der Navigator der »Tina« seinen Kopf aus der Luke und teilte der Crew mit, daß er soeben den Wetterbericht von BBC empfangen hätte, der eine Sturmwarnung enthielt: Windstärke 8 innerhalb der nächsten zwölf Stunden.
Niemand an Bord wollte diese Nachricht zunächst glauben. Doch dann begann das Rechnen. Sturm Stärke 8 aus West in zwölf Stunden, das war genau der Wind, den man brauchte. In zwölf Stunden müßte die Wendemarke an der Irischen Küste erreicht sein. Dann konnte man mit kräftigem, achterlichem Wind ablaufen, nahezu direkt ins Ziel – perfekt!
Das Regattafeld erstreckte sich an diesem Abend quer über die Irische See. »Kialoa« und »Condor of Bermuda«, die beiden größten Yachten des Feldes, hatten gerade Fastnet erreicht, während die kleinsten Schiffe eben Land's End

● Niemand wollte die Meldung von BBC glauben. Der Wetterbericht sagte eine stürmische Nacht mit Windstärken bis zu 8 voraus. Was niemand ahnte: Der Sturm wurde zum Hurrikan. Aber noch haben die großen Yachten Segel gesetzt. Erst als die Böen Windstärke 10 erreichen, wird das Tuch gerefft.

»Schlag auf Schlag brach die See über das Schiff her. Die Böen hüllten die Yacht in weiße, tosende Gischt.«

Durch die aufgewühlte See pflügen die schweren Yachten um eine Wendemarke

Die Segel sind gerefft, die Schiffe krängen unter gewaltigem Druck des Windes.

hinter sich ließen. Auf jedem Schiff war die Nachricht von der Sturmwarnung gehört worden, aber nicht jeder nahm die Mitteilung mit Beruhigung auf. Windstärke 8 ist ein ganz schöner Brocken, aber eine moderne Hochseeyacht sollte mit ihm fertig werden können.
BBC schien recht zu behalten. Der Wind nahm nun konstant zu. Bald

Wie eine Herde Büffel raste die nächtliche See heran, gekrönt vom geisterhaften Weiß der Schaumkämme.

mußte der große Spinnaker der »Tina« durch einen Sturmspinnaker ersetzt werden. Mit unglaublicher Geschwindigkeit schoß die Yacht durch die grober werdende See: 15 Knoten. Noch wehte es günstig aus Süd.
Das Material war jetzt aufs äußerste belastet. Längst hatte man auf der »Williwaw« den Spinnaker geborgen, doch dadurch war sie ein ganzes Stück zurückgefallen. Als eben auf der »Tina« überlegt wurde, ob der Spinnaker den Druck wohl aushalten könne, brach mit Donnergetöse eine Schot, und das bunte Vorsegel flatterte wie eine Fahne vom Mast. Die gesamte Besatzung wurde gebraucht, um das wild schlagende Tuch zu bergen.
Inzwischen war es dunkel geworden. Unter kleinem Vor- und gerefftem Großsegel raste die Yacht durch die Nacht. Die einfallenden Böen wurden immer schwerer, mehrfach wurde die »Tina« so stark auf die Seite gedrückt, daß die See das Deck emporleckte.
Im Schein der Hecklaterne schäumte das Wasser. Wie eine Herde Büffel raste die See Schlag auf Schlag heran, gekrönt vom geisterhaften Weiß der Schaumkämme.
Die Freiwache hatte Schwimmwesten angelegt und sich mit einer Rettungsleine an der Seereling festgebunden. Klitschnaß harrte sie an Deck aus, während der Steuermann sich mit seinem ganzen Körpergewicht in die Speichen des Ruders legte, um die »Tina« auf Kurs zu halten.
So langsam wurde auch dem letzten Mann an Bord bewußt – das ist nicht Windstärke 8, in Böen weht es bestimmt mit Stärke 10. Kurz vor Mitternacht war das Feuer von Fastnet-Rock direkt voraus auszumachen.
Die See brach jetzt Schlag auf Schlag über das Schiff her. In den Böen wurde die gesamte Szenerie in weiße, tosende Gischt gehüllt. Gegen den Wind zu atmen war nicht mehr möglich. Der waagerecht fliegende Regen brannte wie Schrotkugeln im Gesicht. In der Irischen See begann die Nacht der Verzweiflung. Eine halbe Stunde nach Mitternacht rundete die »Tina« zusammen mit zwei anderen Yachten, die nicht identifiziert werden konnten, Fastnet Rock. Da der Wind nicht wie erwartet gedreht hatte, mußte das Schiff nun einen Kurs fast hoch am Wind segeln. Gesetzt waren jetzt nur noch Sturmfock und ein kleiner Fetzen Großsegel. Dennoch sprang das Schiff von Wind und See katapultiert wie ein Wildpferd in die Höhe, um Sekunden später mit einem mörderischen Schlag ins Wellental zu fallen.
Zwei Mann standen nun am Ruder und konnten das Schiff kaum halten. Zwei Stunden ging dieser tolle Ritt durch die pechschwarze, chaotische Nacht, dann drehten die Steuerleute plötzlich ins Leere. Das Ruder war gebrochen!
Augenblicklich schoß das Schiff durch den Wind und wurde auf der anderen Seite wie von Riesenfäusten niedergedrückt. Unter Deck brach ein Chaos aus. Die Kojen klappten hoch, der Proviant rutschte auf der blanken Außenhaut nach oben, die Freiwache stand, bis zu den Knien im Wasser, senkrecht auf der Außenhaut.
Es dauerte eine Minute, bis die vor Schreck erstarrte Crew sich gefaßt hatte. Rufe gellten durch die Nacht – jetzt galt es zuzupacken.
Mit großer Mühe wurden die Segel geborgen. Dann zog sich die Mannschaft unter Deck zurück und überließ das Schiff treibend seinem Schicksal. Vor Tagesanbruch gab es nichts mehr zu tun.

● Der Hurrikan treibt die Gischt wie Staubwolken vor sich her. Die sichere Tenacious kann erfolgreich abwettern. Doch bei den anderen, leichteren Schiffen flogen nicht nur Segel und Mast davon: 15 Menschenleben forderte die Regatta. Die schweren Schiffe werden um die eigene Achse gewirbelt.

W 300 330 N

Die Regatta war verloren.
Was hatte den Umschwung gebracht?
Das nordamerikanische Tiefdruckgebiet war mit großer Geschwindigkeit über den Nordatlantik gezogen, ein kleiner Wirbel, der erst spät als solcher in die Wetterkarten eingetragen wurde. Alles deutete darauf hin, daß er Europa irgendwo in Höhe der Biskaya treffen würde, um sich dann auf dem Festland aufzulösen. Doch es kam anders. Eine plötzliche Wendung nach Nordosten, bei gleichzeitiger Vertiefung, überraschte die Meteorologen. Gerade als BBC über Radio eine erste Warnung abgab, kam die Erkenntnis, daß sich hier ein Orkanwirbel bildete – zu spät, um in den Nachrichten noch verlesen zu werden. Die späteren Warnungen hatte keine Yacht mehr gehört. Jeder war zu sehr mit seinem Schiff beschäftigt.
Zu dem Zeitpunkt, als das Ruder der »Tina« brach – etwa gegen zwei Uhr morgens –, erreichte der Orkan seinen Höhepunkt. Um diese Uhrzeit hatten die kleineren Yachten des Regattafeldes gerade die Hälfte des Weges zwischen Land's End und Fastnet zurückgelegt. Sie standen in einem Gebiet

Trafen sich zwei Wellenriesen, gab es keine Chance. Die »Ariadne«, vier Tonnen schwer, ging kopfüber. Wie eine Nußschale.

sehr viel flacheren Wassers, auf der bei Fischern gefürchteten Labadie Bank. Die Boote fanden eine wahre Hölle vor. Die Windgeschwindigkeit betrug hier bis zu 130 Stundenkilometern. Es wurde eine gewaltige, steile See aufgeworfen, die sich beim Anprall auf die Labadie Bank zu brüllenden Wasserwänden brach. Mittlerweile war die erste Front des Tiefs durchgezogen, und der Wind hatte um 45 Grad gedreht. Nun kamen aus einer völlig anderen Richtung neue Wellenungetüme aus der Dunkelheit geschossen. Sie hatten die Geschwindigkeit eines Schnellbootes und die Höhe dreistöckiger Häuser. Trafen sich zwei dieser Wellenriesen, gab es keine Chance. Für Hunderte von Menschen begann der Kampf ums Überleben.
Auch die Mannschaft der britischen Yacht »Ariadne« wurde vom Orkan überrascht. Alle Segel geborgen, versuchte ihre Crew, unter kahlen Masten vor dem Unwetter abzulaufen. Eng zusammengekauert hockten die Männer in der bitterkalten Nacht, als aus der Finsternis eine weiße Wand herangerollt kam. Entsetzt sahen die Männer, wie ihr 4-Tonnen-Boot gepackt wurde, herumwirbelte und kopfüber ging. Nach einer Drehung um sich selbst tauchte die Yacht auf der anderen Seite wieder aus den Fluten. Der Mast war fortgerissen, die Männer hingen außenbords und konnten sich mit letzter Kraft an ihren Sicherheitsleinen wieder zurück ins Cockpit ziehen. Zu Tode erschrocken warteten sie an Deck auf den nächsten Brecher.
Eine Viertelstunde später, die Mannschaft hatte sich kaum gesammelt, stürzte unvermittelt aus Gischt und Regen eine neue Wand auf sie herein und wirbelte das Boot um die Längsachse. Durch die Wucht des Anpralls riß die Leine eines Mitseglers, und er wurde unerbittlich in die See davongerissen. Man sah ihn nie wieder. Mittlerweile war die »Ariadne« halb voll Wasser gelaufen und drohte zu sinken. Die automatisch

● Fastnet-Rock. Für viele Teilnehmer ist der Leuchtturm eine Erinnerung an einen harten Kampf ums Überleben in dreißig Meter hohen Wellenbergen. 60 Meter ragt der Leuchtturm auf dem Felsen in den Himmel – drohend wie ein Zeigefinger. Eine Warnung.

aufblasbare Rettungsinsel wurde geöffnet, und die Crew kletterte hinüber in das zerbrechliche Gummifloß.
Nicht viel besser ging es den Leuten der »Trophy«. Nach zweimaligem Durchkentern in unberechenbaren Wogenungetümen brach der Skipper mit schweren Kopfverletzungen ohnmächtig im Cockpit der Yacht zusammen. Vor Erschöpfung wie leblos rollte einer seiner Mitsegler über ihn.
Nun ergriff den Rest der Mannschaft Panik. Die vermeintlich Sterbenden auf dem sinkenden Schiff zurücklassend, flüchteten sie sich in die Rettungsinsel und stießen ab.
Inzwischen waren die ersten Hilferufe durch den Äther von der Station Land's End empfangen worden. Unverzüglich wurde die gesamte irische und südwestenglische Küste alarmiert. Rettungsboote und Kriegsschiffe nahmen Kurs auf das Unglücksgebiet. Bis zum Morgengrauen war eine der größten Rettungsaktionen angelaufen, die es je auf der See gegeben hat.
Den ersten Überblick erhielten die Piloten der Hubschrauber, die die Irische See in den ersten Morgenstunden in einzelnen Sektoren überflogen. Sie fanden sinkende Yachten vor, leere und besetzte Rettungsinseln, Trümmer, Schiffbrüchige und Tote. Es sah aus wie auf einem Schlachtfeld. Noch bis in die Vormittagsstunden hielt der Orkan unvermindert an. Der holländische Zerstörer »Overijssel« war als Begleitschiff den Regattabooten zugeteilt. Doch hatte der Kommandant selbst alle Mühe, sein Schiff durch die gewaltige See zu bringen. An Hilfeleistung war zunächst nicht zu denken. So schwer rollte das 3 500 Tonnen große Schiff, daß ein Brecher in den Maschinenraum drang, die Elektrik kurzschloß und für zwanzig angstvolle Minuten das Schiff außer Gefecht setzte.
Die Hauptlast bei der Bergung kam den Hubschraubern zu. Tollkühn und wagemutig flogen sie die havarierten Schiffe an. Dann wurde ein Mann mit dem Seil heruntergelassen und barg die Überlebenden. Immer wieder sahen sich die Piloten plötzlich zwischen Wasserwänden und mußten durch schnelles Hochziehen der Maschine dafür sorgen, daß sich die See nicht auch noch ihre Opfer vom Himmel holte.
Ein Hubschrauber war es auch, der die »Trophy« verlassen im Meer treiben sah. Als sich ein Retter mit der Seilwinde an Bord herabließ, fand er neben dem toten Skipper einen alleingelassenen jungen Mann, der Stunden neben dem Toten ausgeharrt hatte und angesichts seines Retters in Tränen ausbrach. Auch seine Kameraden in der Rettungsinsel wurden später von einem Hubschrauber aufgegriffen.
Doch nicht nur den kleinen Yachten war es in jener Nacht schlimm ergangen. Die »Jan Pott«, eine der größeren Yachten aus Deutschland, hatte die Stunden der Dunkelheit vor dem Winde ablaufend verhältnismäßig gut überstanden. Ohne es zu wissen, näherten sie sich der Labadie Bank, und hier traf es auch sie. Das gewaltige 15 Meter lange Schiff wurde von einer einzigen Kreuzsee überrannt, neigte sich auf die Seite und rollte um seine Längsachse wie ein Eskimokajak.
Glücklicherweise befanden sich zu dieser Zeit nur zwei Mann an Deck. Der Steuermann konnte sich am Ruder festklammern, der zweite Mann wurde über Bord geschleu-

● Bei strahlendem Sonnenschein rüsten sich die dreihundert Hochseeyachten im Hafen von Cowes auf der Isle of Wight zur Regatta. Niemand unter den Seglern, Schaulustigen und Sportjournalisten ahnt, daß dieser bedeutendste Wettkampf der Segelschiffe mit einer Katastrophe enden wird.

dert und tauchte am anderen Ende seiner Rettungsleine ein paar Meter achteraus wieder auf. Unter Deck waren die Männer aus ihren Kojen gestürzt. Der Proviant, Werkzeug, Reserveteile, Segel und alles, was nicht befestigt war, schlug gegen das Kabinendach.
Die »Jan Pott« war kein Segelschiff mehr, als sie auf der anderen Seite auftauchte. Die Seereling, Bug- und Heckkorb – immerhin aus dicken V2A-Rohren hergestellt – waren weggerissen oder plattgewalzt. Der Mast war heruntergestürzt, mehrfach geknickt und hing nur noch mit einigen Wanten am Schiff.
Mit Sägen und Zangen klarierte die Mannschaft nach dem ersten Schreck die Yacht und begann dann mit dem Bau eines Notmastes. Es spricht für die Erfahrung und das Glück der Segler, daß es ihnen gelang, ihr Schiff ohne fremde Hilfe in den rettenden Hafen von Plymouth zu bringen.
Die Zeit des Schreckens wurde an Bord der »Tina« rundweg verschlafen. Erst als sich am folgenden Nachmittag Wind und See etwas beruhigt hatten, wurde ein Notruder gebastelt und mit Segel- und Maschinenhilfe Kurs auf den nächsten Hafen – Cork in Irland – genommen.
Die Funkanlage der »Tina« war in der Nacht ausgefallen. So konnten auch die Notrufe der Yachten um sie herum nicht aufgefangen werden. Als sich die »Tina« in den frühen Morgenstunden des nächsten Tages Cork näherte, hatte man nur seinen eigenen Mißerfolg zu beklagen. Doch das sollte sich schnell ändern. Wie vom Donner gerührt

● Die Bändigung des Windes ist der größte Triumpf des Skippers. Am Ruder spürt er die Kraft und Gewalt der Natur. Von seinem Gespür und seiner Geschicklichkeit hängt das Wohl der Mannschaft ab. Doch wehe wenn Wasser und Wind zu stark werden und das Material des Schiffes überfordern.

standen die Segler auf dem Steg des Royal Cork Yacht Club, als die »Tina« einlief. Eine Yacht mehr konnte von der Verlustliste gestrichen werden. Die nun hereinbrechenden Nachrichten kehrten die Enttäuschung der »Tina«-Crew über die verlorene Regatta in Freude um, überlebt zu haben.
Das Ergebnis der Fastnet-Regatta 1979 war fürchterlich: fünf Schiffe gesunken, 15 tote Regattasegler. Nur knapp ein Drittel der Teilnehmer hatten das Ziel erreicht, die übrigen Schiffe mußten Nothäfen anlaufen oder waren von ihren Besatzungen aufgegeben worden. Mehr als zwanzig Rettungsboote waren im Einsatz gewesen, ein Dutzend Hubschrauber, drei Fernaufklärer, acht Kriegsschiffe.
So schrecklich das Ergebnis des Fastnet-Rennens war, es gab auch einen Sieger. Die Yacht des amerikanischen Seglers Ted Turner, »Tenacious«, zwanzig Meter lang und besonders schwer (20 Tonnen) und sicher gebaut, hat so manche Hochseeregatta erlebt. Nie war es vorgekommen, daß die »Tenacious« nur unter Sturmfock vor Wind und See ablaufen mußte. Und nie war es vorgekommen, daß die Verbände dieser großen Yacht geleckt hatten. Aber in jener Orkannacht kam auch die »Tenacious« bis an die Grenze ihrer Leistungsfähigkeit. Aber sie überstand die Nacht und den folgenden Tag ohne größere Beschädigung. Zwar erreichte sie das Ziel in Plymouth nicht als erstes Schiff, aber aufgrund der günstigen Vergütung errechnete der Computer ihren Sieg.
In Plymouth, wo die Angehörigen vieler Segler auf die Rückkehr der Yachten warteten, spielten sich in den Stunden der Ungewißheit erschütternde Szenen ab. Als die »Tenacious« in den Hafen einlief, stürzten immer wieder Menschen an Bord, weinend, verzweifelt, und hofften auf Auskunft über eventuell gesichtete Havaristen oder aufgefangene Notrufe. Ein Crewmitglied, das von Turner zur Wettfahrtleitung geschickt worden war, um sich nach den Durchgangszeiten der vorausliegenden Yachten zu erkundigen, kam gleich an Bord zurück. »Das ist keine Regatta mehr, es ist eine Tragödie«, stammelte er.
Fachleute aus aller Welt haben in der Zwischenzeit alle Fakten, die zur Katastrophe in der Irischen See führten, untersucht und ausgewertet. Unbestritten ist, daß der Fastnet-Orkan ein für die Jahreszeit ungewöhnlich schweres Wetter brachte und in Teilgebieten, insbesondere auf der Labadie Bank, Wind- und Seegangsbedingungen entstanden, die ihn im August, einer eigentlich ruhigen Jahreszeit, zu einem Jahrhundert-Orkan machten.
Den Seglern hat diese Tragödie gezeigt, daß Segler die See zwar als Tummelplatz für ihren Sport einnehmen dürfen, daß sie aber immer und zu jeder Zeit darauf gefaßt sein müssen, in Situationen zu geraten, die ihnen das Äußerste abverlangen, allein auf sich gestellt, ohne Aussicht auf sichere Hilfe. Nur wer mit diesem Wissen an Bord seines Schiffes geht, hat das Recht, sich die See zu erobern.

Segler müssen darauf gefaßt sein, in Situationen zu geraten, die ihnen das Äußerste abverlangen – ohne Aussicht auf Hilfe.

OLAU FINN
HELSINKI

COWBOYS

Und es gibt sie doch

Hut und Lasso machen noch keinen Cowboy. Mustangs, Rinder und Rodeoreiten gehören dazu. Knochenarbeit – ein harter Preis für ein bißchen Freiheit.

Von Peter H. Jamin

COWBOYS

Das Leben der modernen Cowboys in Amerika ist auch heute noch geprägt von Abenteuer und Verwegenheit, von Draufgängertum und Entbehrungen. Sicher, die Zeiten des »Wilden Westens« sind vorbei, als gegen Ende des 19. Jahrhunderts schätzungsweise 35 000 hartgesottene Viehreiter die großen Rinderherden über die schier endlose Prärie von Texas nach Norden trieben. Doch auch in dieser hochtechnisierten Welt mit ihren Computern und Düsenclippern kommen die Rancher nicht ohne tatkräftige, hart zupakkende Männer aus, die für sie und ihre Herden Kopf und Kragen riskieren.

»Go west, young man«, »Gehe nach Westen, junger Mann« heißt auch heute noch die vielversprechende Aufforderung an alle Abenteurer, die den herben Hauch der Pioniertage ihrer Vorfahren nach- und wiedererleben wollen.

Schätzungsweise 6 000 Cowboys schlagen sich auch heute noch ihren harten Weg durch den zahmer gewordenen »Wilden Westen«. Die einen, die diesem Lockruf der Wildheit folgen, verdingen sich als Cowboys auf den riesigen Farmen, die saftige Steaks für das amerikanische 200-Millionen-Volk produzieren und die ohne die Artisten im Sattel nicht auskommen können.

Und die anderen, das sind die wahren Teufelskerle. Bullenreiter. Ihr Geschäft ist das härteste auf den weiten Ebenen. Es sind Cowboys, die einen Teufelstanz wagen, denn wer den Bullen bezwingen will, muß den zähen Willen eines Mannes haben, den auch harte Rückenschläge nicht gleich in die Ecke hauen. Sie haben scheinbar Knochen aus biegsamen Stahl und Fäuste aus Eisen.

Dennis Fair aus Wayne in Michigan ist einer von ihnen, und er reitet den Sommer über von einem verrückten Rodeo zum nächsten, des Geldes und des Abenteuers wegen. Er trägt, wenn er staubaufwirbelnd auf dem Rücken eines wutschnaubenden, vor ungebändigter Kraft nur so strotzenden Bullen in die Arena hereinjagt, ein Kostüm, wie es Zorro, der Film-Rächer der Armen, am Leibe hat. Noch grasen auf der Koppel neben der Arena die gewaltigen Viecher friedfertig vor sich hin, und selbst wenn sie schon im engen Verschlag auf ihren großen Kampf zwischen Mann und Tier, zwischen Geschick und Kraft warten, geben sich die bulligen Kolosse so ruhig, als weideten sie unbehelligt auf der endlosen Prärie. Doch wehe, wenn sie losgelassen.

Wenn das Gatter von den Helfern zur Seite gerissen wird, stürmt der kraftstrotzende Fleischbrocken mit gesenktem Kopf wutschnaubend wie ein Gewitter in den von tobendem Publikum umsäumten Ring. Der verwegene Reiter – nur mit einer einzigen Schlaufe findet er auf der sich aufbäumenden, hin und her wälzenden Fleischmasse festen Halt – preßt die Beine verzweifelt über den Tierleib zusammen, als ging es um sein Leben. Und oft ist es auch so. Dennis Fair, dieser Bullen-Zorro der Neuzeit, hat einen durchtrainierten Körper, der über und über mit Narben bedeckt ist.. Erinnerungen an viele gefährliche Stürze. An die scharfen Hufe und die langen Hörner.

Sieben Rippenbrüche lassen ihn nie vergessen, daß letztlich der Bulle immer Sieger ist. Einen gebrochenen Arm und einen gesplitterten Knöchel gipsten ihm die Ärzte wieder zusammen, und seinen Daumen an der rechten Hand kann er kaum mehr bewegen, seit er bei einem dieser wahnsinnigen Wettkämpfe zuerst meterweit durch die Luft flog und dann mit dem Arm zuerst gegen die Bande krachte.

Bullenreiten ist keine Show, kein elegantes Spiel. Es ist bitterer Ernst, ein harter Kampf. Dennis Fair klammert sich in das rauhe, staubige Fell des Tieres, schleudert ab und zu einen Arm wild durch die Luft, nach Gleichgewicht rudernd. Die Menge johlt, je gefährlicher es für ihn wird. Der Bulle rast mit steil aufgerichtetem Schwanz auf die Bande zu, den Kopf weit in den Nacken geworfen. Dennis weiß, daß er jetzt nicht aufgeben darf, sonst gibt es Blessuren. Er besinnt sich auf einen Trick der Indianer, die ohne jedes Hilfsmittel junge Büffel zu Tode ritten. Er packt den Bullen mit der rechten Hand am Schwanz und hat so eine zusätzliche, wenn auch unsichere, zweite Stütze. Das Tier spürt den Griff und gebärdet sich mit wilden

Bullenreiten ist keine Show. Kein elegantes Spiel. Sondern bitterer Ernst. Ein harter Kampf zwischen Mensch und Tier.

● Ohne Publikum wäre Rodeo nur ein halbes Abenteuer. Es gehört dazu, genau wie die klassische Lederkleidung der Reiter und die unbarmherzig brennende Sonne des Wilden Westens. Wem sonst könnten die Teufelskerle zeigen, was sie mit dem Bullen machen.

Sprüngen. Schaum ums Maul signalisiert Dennis: Bald muß er aufgeben. Doch noch hat das schwarze Muskelpaket Energie. Ein gewaltiger Satz, und Dennis' Hut rutscht auf den Rücken. Schon will ihn die Menge fallen sehen, sie pfeift und buht. Der Kommentator macht blöde Witze über Dennis, dem gewiß nicht zum Lachen zumute ist. Wie oft hat er sich geschworen, das ist der letzte! Wenn er aus diesem Affenzirkus heil herauskommt, soll es wahr sein. Doch bloß erst mal soweit sein. Dennis spürt schon gar nicht mehr den Schmerz der harten Bullenwirbel, die sich mit jedem Sprung spitz in seinen Allerwertesten drücken. Da, jetzt hat er es zum erstenmal bemerkt – der Bulle ringt nach Luft. Das ist das Zeichen, auf das er so sehnsüchtig gewartet hat. Das Schnauben und pfeifende Atemgeräusch des Tieres ist sein Signal zum Angriff. Jetzt packt er aus, was noch in ihm steckt. Seine Schenkel quetschen den Rumpf des Bullen wie zwei Zangen zusammen, pressen die Luft heraus. Gleichzeitig drückt Dennis den gehörnten Schädel herunter. Langsam, aber merklich läßt die Kraft des Bullen nach. Die Beine in den sandigen Boden gestemmt, ringt er mit seinem Reiter.
Schon ist die Zuschauermeute wieder auf Dennis' Seite. »Mach ihn fertig«, rufen sie ihm zu, »zeig's ihm!« Und Dennis zeigt's ihm wirklich. Noch einmal schüttelt das Tier den schweren Schädel, als wolle es sichtbar seine Überlegenheit demonstrieren – um Gnade betteln. Aber Dennis denkt an die Scheine. Und dann sackt der Fleischberg auch schon stöhnend

Wenn der Bulle zusammensackt, tobt die Menge. Dann kommen die Mädchen. Und die Dollarscheine. Wieder mal Glück.

auf die Knie. Noch einmal muß Dennis aufpassen, um nicht mit einem Bein drunter steckenzubleiben. Als das Tier umfällt, springt er seinen Hut schwenkend in die Höhe. Begeisterung auf den Rängen, die Stimme im Megaphon überschlägt sich. Dennis, the Winner. Ein neuer Sitting Bull. Dennis weiß es besser: »Ihr habt alle keine Ahnung,« – er wischt sich den Schweiß aus den Augen – »wovon ihr sprecht.« Da kommen sie schon, die hübschen Girls, eine nach der anderen fällt dem Winner um den Hals. Er ist heute der Star, er darf wählen. Und eine ist schöner als die andere. Die Schönheiten sind von weit her angereist, um ihm ein Lippenstiftandenken zu verpassen. Sie alle himmeln ihn an – Rodeotypen sind Männer vom harten Schlag –, ein einmaliges Abenteuer. Und dafür nehmen sie gern jenen herben Geruch in Kauf, den Dennis ausströmt, jene Mischung aus Schweiß und Rindergestank, Staub und gegerbtem Leder. Nicht immer war er so begehrt. Wer vor dem Bullen den Staub der Arena küßt, erhält keinen müden Penny für seine Angst, seinen Schweiß. Doch selbst wenn der Cowboy schon am Boden liegt und die kaputten, geschundenen Knochen noch einmal zur Flucht zusammenrafft, greift der Bulle weiter an. Stürzt sich auf den besiegten, abgeworfenen Reiter, bis dieser gehetzt über die Bande springt. Dennis denkt an die letzte Vorstellung: Gleich zweimal nahm er die Beine in die Hand, schon das erste Vieh hatte ihm die Oberschenkel geprellt. Das tat höllisch weh. Dem zweiten Bullen entkam er nur knapp. Aber warum wickeln sich

»Für einen Rodeotypen nehmen die Mädchen den herben Geruch in Kauf. Schweiß, Rindergestank, Staub und Leder.«

● Die große Freiheit des Wilden Westens: Cowboy. Kein anderer Beruf wurde so glorifiziert, erlangte so viel Weltruhm. Doch der Alltag der Männer im Sattel ist keine Show. Ein paar moderne Hilfsmittel sind gestattet.

Wer ein Rind fangen will, muß schnell sein, Mut haben und sich nicht vor Huftritten fürchten. Solche Arbeit ist Training fürs Rodeo.

Wilde Pferde, kräftige Stiere, ein Job für Draufgänger. Das Abenteuer auf dem Rücken der ungezähmten Tiere hat ein hohes Risiko.

wilde Burschen wie er immer wieder den Streckverband zum Schutz gegen Rippenbrüche um den kräftigen, schwer atmenden Oberkörper, warum nehmen sie immer wieder diese gehörnten Kraftmaschinen zwischen die Beine? Sie träumen vom großen Glück und von dem schönen Gefühl, einmal ein dickes Paket grüner Dollarscheine zwischen Daumen und Zeigefinger reiben zu können. Und die Wirklichkeit: »Oft verdiene ich in der Woche nur 100 Dollar«, verrät der Bullenreiter Dennis, »manchmal können es aber auch 1000 sein, man braucht eben Glück.«

Und das brauchen auch die anderen, die Cowboys, die als Viehtreiber auch heute noch unentbehrlich sind und nur wenig ruhiger als die Bullenreiter leben. Sie sind schon froh, wenn sie – wie zum Beispiel John Morris auf seiner 6000 Hektar großen Ranch in Cheyenne (Wyoming) – im Winter nicht durch eine undurchdringbare Schneewand von der Außenwelt abgeschnitten werden, wenn der Strom dann nicht auch noch ausfällt und der alte Holzofen so wieder zu neuen Ehren kommt.

Aber die Cowboys auf den großen Rinderfarmen, die zum Beispiel wie Kent Robinson um 22 Uhr ins Bett gehen, um ab ein Uhr in der Nacht stündlich den Kontrollritt über die Weide zu unternehmen, diese wind- und wettergeprüften Männer wissen im Gegensatz zu den von Rodeo zu Rodeo reitenden Bullenkämpfern im voraus, was sie verdienen.

● Grüne Scheine und die Herausforderung an Kraft, Geschick und Können sind die Triebfedern des Rodeoreiters. Doch wenn das wilde Tier sich so wehrt, hat der Reiter kaum eine Chance. Er kann froh sein, daß er heil über die Bande kommt, ohne Knochenbruch oder Verletzungen. Prellungen sind jedoch nicht zu vermeiden.

4

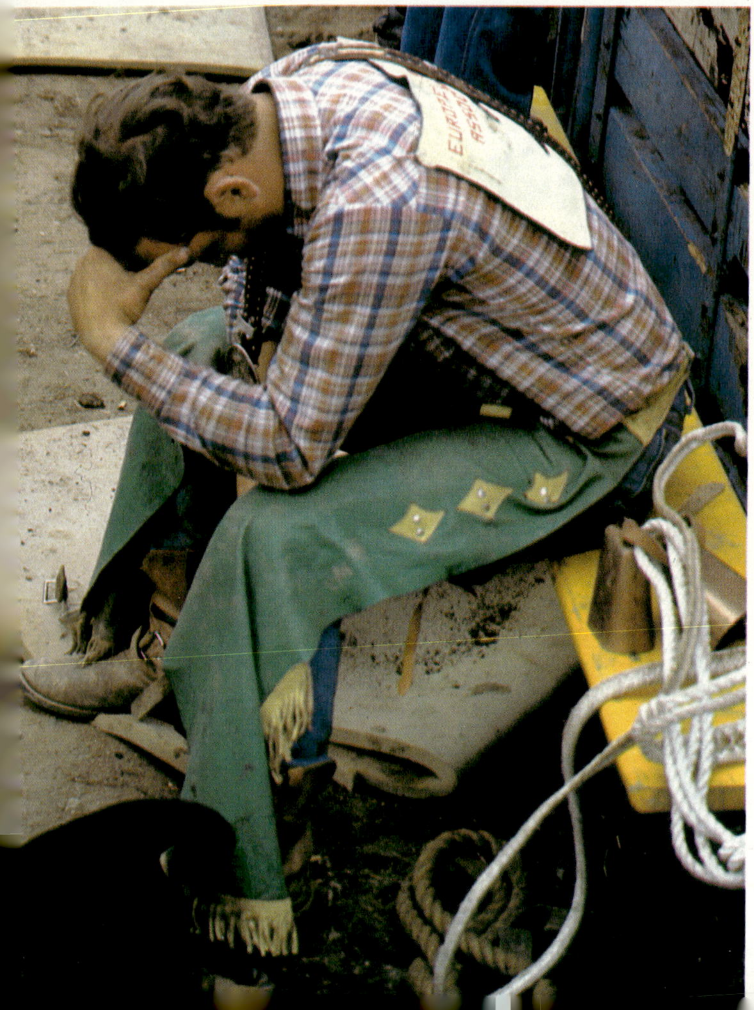

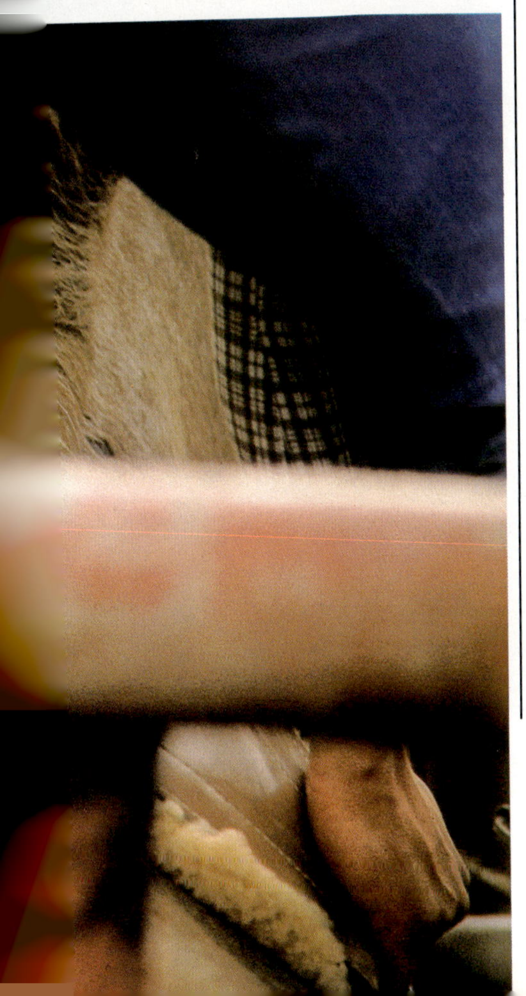

Da gibt es den Cowboy ohne Arbeitsvertrag, der meist einen Dollar pro Monat und Rind, das er zu betreuen hat, bar auf die schwielige Hand erhält. Stehen 1000 Rinder auf der Weide, rechnet es sich leicht, was er am Monatsende vom Rancher bekommt.

Der Cowboy von früher hat Hilfe bekommen. Auto und Helikopter machen die Arbeit einfacher. Doch die Romantik ist hin.

Die anderen, die festangestellten Männer, verdienen zwischen 400 und 700 Dollar, und wer geschickt ist, noch nebenher bei der Pferdedressur.

»Zum Cowboy«, sagt Johnny, Sohn eines Pfarrers und Viehtreiber auf der Garrison-Farm in Hereford in Texas, »muß man geboren sein, das ist nicht ein Job wie jeder andere. Das ist mehr eine Leidenschaft, erregend wie Baseball. Nichts in der Welt geht übers Lassowerfen.«

Er ist ein schlaksiger, großer Junge, mit Schwielen an den kräftigen Händen, mit grauen, wachen Augen und einem energischen Kinn. Er ist einer der rauhnackigen Treiber, die sich die Annehmlichkeiten der Zivilisation zu eigen machen, um sich das harte, strapazenreiche Prärie-Leben zu erleichtern.

Mit einem zerbeulten Kleintransporter kurvt er über die Rinderweiden und schon von weitem erkennt er während der Kontrollfahrt ein krankes Tier. Dann gibt er Gas, rast einer flüchtenden Kuh erst mit dem Wagen über die Weide hinterher, bremst plötzlich und reißt sein Pferd am Halfter aus der Luke des Anhängers. Er schwingt sich in den Sattel. Schon im wilden Ritt drückt er den breitkrempigen, schwarzen Cowboyhut tief in die Stirn und zieht vom Hals sein dunkles Seidentuch vor den Mund als Schutz gegen den hellen Staub, der über die texanische Ebene wirbelt. Diesem unendlich großen Weidegebiet westlich von Amarillo.

Über seiner Hose hat Johnny die »chaps« gebunden, die ledernen, mit Ornamenten und Silbernägeln verzierten Beinschützer. Sein Pferd ist ein »Quarterhorse«, ein wendiges, kurzbeiniges Tier, auf kurzen Strecken aufregend schnell und körperlich so robust, daß es mit jedem Wetter spielend fertig wird und es jederzeit wagt, in eine Herde mit blökenden Kühen, Kälbern und Stieren hineinzujagen.

Johnny gibt jetzt dem sich aufbäumenden Pferd die Sporen, galoppiert der Sonne entgegen und reißt sein Lasso vom Sattelknauf. Das Seil wirbelt durch die Luft, verfängt sich genau, wie der Reiter es will, um den Hals der mächtigen Rinderkuh, und das kranke Tier stürzt zu Boden. Während der Staub noch aufgeregt durch die

● Zuschauer, Pferde und Reiter – jeder spielt eine wichtige Rolle. Erschöpft, vom Kampf mit dem Mustang überläßt ein Cowboy einem anderen den wilden Ritt auf dem Pferd und vielleicht den Sieg. Wer aufgibt, muß zwar den beißenden Spott der Zuschauer ertragen, schont jedoch seine Haut. Unter Rodeo-Cowboys gilt das als nicht gerade ehrenhaft.

Es gibt zu viele wilde Pferde in der Prärie. Die wenigen Cowboys können ihre Za

icht konstant halten. Hubschrauber haben die Jagd auf die Tiere übernommen.

Luft wirbelt, hat Johnny bereits die Beine der Kuh mit sicheren Griffen zusammengebunden.
Das Tier hat einen aufgeblähten Leib, und Johnny weiß auf den ersten Blick, »daß es in einer Stunde tot ist, wenn wir nichts tun, und tun können wir wenig«. Er gibt der Kuh den Gnadenschuß. Denn auch das ist seine Aufgabe: die kranken Tiere von den gesunden zu trennen oder Tausende von Rindern zum Abtransport zusammenzutreiben. Das ist nur mit Pferd und Lasso möglich. Wenn im Frühmärz die trächtigen Kühe auf den oft mehrere tausend Hektar großen Weidegebieten ihre Kälber werfen und wenn die Cowboys oft 12 und mehr Stunden am Tag die Tiere versorgen, besonders dann werden die Männer daran erinnert, daß ihre sagenumwobenen, rauhbeinigen Vorfahren bis Anfang des 20. Jahrhunderts noch bei Wind und Wetter riesige Herden aus dem Süden von Texas oder aus New Mexiko über die Prärie nach Norden zu den Bahnstationen getrieben haben.
Die weiten, entbehrungsreichen Trecks durch menschenleeres Gebiet, immer bedroht von Naturkatastrophen, Banditen und Indianern, aber auch die damit verbundene Lagerfeuerromantik haben ihnen die modernen Beförderungsmittel abgenommen. Geblieben ist ihnen der rauhe Kampf vor Ort auf den Weiden. Dafür trainieren Männer wie Johnny, wann immer sie Zeit haben. Der 30jährige »Johnny« Jonathan E. Trotter, der schon als College-Schüler von der Welt der Cowboys fasziniert war, erst als Viehtreiber nebenher arbeitete und mit 18 Jahren als Cowboy anheuerte, hält durch diesen Kampf zwischen Mann und Tier seinen Körper fit bis in die Zehenspitzen. Manchmal holt er auch aus einem Schuppen eine Kunstkuh, ein rostiges Eisengestell.
Dann greift er zum Lasso, legt es in Schlingen um seine linke Hand, nimmt das eine Ende mit der Rechten und wirbelt die große Schlaufe immer schneller kreisend über seinen Kopf. Dann läßt er los. Nur selten verfehlt er das Ziel.
Hier, an seinem stur dastehenden Trainingstier, wie auch draußen auf der Weide bei der Jagd nach einem unaufhaltsam davonstampfenden Rind. Johnny gehört damit aber schon zur alten Garde der Cowboys und Lassowerfer. Die anderen, modernen Rinderhirten, Pferdefänger und Viehtreiber machen ihre Arbeit mit dem Hubschrauber – Johnny sagt es so verächtlich, als ob er von Henkern und Dieben spräche.

● Cowboys erkaufen sich die Romantik des Wild-West-Abenteuers mit harter Knochenarbeit. Hut und Lasso sind unverzichtbare Attribute – doch nur das Können macht einen Mann zum Cowboy. Sonst wird die Romantik zur Qual, zur Belastung von Körper und Seele.

Tau

wetter

Eis und Schnee, Schlitten und Hunde. Auf dem Gefährt der Eskimos durch die frostige Schönheit des Polarkreises. Märchenhaft und riskant, wenn die Frühlingssonne das Eis schmelzen läßt.

HUNDESCHLITTEN

Von Hans-Otto Meißner

Nach Angmagssalik zu kommen ist gar nicht so einfach. Die Flugpläne der innerdänischen Linienmaschinen existieren zwar auf dem Papier, aber allein das Wetter bestimmt, ob eine Maschine die Stadt an der Ostküste Grönlands anfliegen kann. Zweimal war ich von Reykjavik, der Hauptstadt Islands, gestartet. Doch beide Male flog die Maschine wieder zurück, ohne auch nur einen Zoll grönländischen Bodens berührt zu haben. Der Nebel war einfach zu dick zum Runterkommen. Der heutige Flug ist mein letzter Versuch. Hoffentlich schafft der Pilot es, denn mit jedem weiteren Tag wird die Gefahr, vom Tauwetter überrascht zu werden, drohender. Jetzt im April schmilzt sogar das kalte Eis Grönlands. Zwar nur an der Oberfläche. Aber das reicht, um unser Reisevorhaben mit dem Hundeschlitten zu gefährden.

Wir, das ist eine Gruppe unentwegter Globetrotter: Wir wollen mit Hundeschlitten eine Expedition durch Grönland machen. Eine romantische Reise durchs ewige Eis der größten Insel der Welt. Ich werde aus meinen Träumen gerissen. Ein Raunen geht durch die Maschine. Unter uns ist die Nebelbank verschwunden, der Spuk vorbei. Das Gespenst Umkehr darf ich vergessen. Wir gleiten durch unbeschreiblich klares Blau. Unter uns das Meer, auf dem unzählige weiße Eisschollen treiben. Ein Anblick, der das Herz weitet. Schon taucht die Küste auf. Ostgrönland, ein einsames, wildes Land, dazwischen Fjorde, in die sich riesige Gletscher schieben. Halbinseln und Landspitzen, weiße Eisberge, mattschimmernd wie Seide. Eine phantastische, wilde und urgewaltige Welt.

Nach der Landung auf der Insel Kulusuk bringt uns ein Helikopter nach Angmagssalik. Der Flug dauert nur zwölf Minuten. Dann geht's in Jeeps zum Hotel. Hotel? Ein paar Häuser ohne jeden Luxus. Kelly Nicolaisen, ein riesiger Däne mit rötlichem Bart,ist der Besitzer. Zusammen mit seiner Eskimofrau mit dem deutschen Namen Erika lebt er hier ein einsames Leben im kalten Land.

»Einsam?« fragt Kelly, als ich ihn darauf anspreche. »Mann, sind Sie taub? Hören Sie meine Hunde nicht?« 240 Schlittenhunde machen einen ganz schönen Trubel. Bei der Fütterung darf ich dabeisein. Und wäre Kelly nicht laut fluchend, Tritte und Klapse verteilend, durch die Meute gegangen, gewiß hätte keines dieser rauflustigen Tiere Respekt vor ihm gehabt. Ich hielt mich dicht hinter dem Dänen. 240 Hundemäuler, Mann, selbst einem Hundefreund rutscht dabei das Herz in die Hose.

Jahrtausende waren diese halbwilden Hunde die einzige Möglichkeit, sich auf den vereisten Inseln und der Eiskappe des Nordpols fortzubewegen. Nun sterben sie leider aus, weil Motorschlitten praktischer sind. Sie brauchen keinen Fisch, kein Fleisch – nur Benzin. Kelly verachtet Motorschlitten: »Sie stinken nach Auspuff, die Romantik ist hin, viel zu viel Technik für Grönland.« Kelly liebt seine Hunde. Rauh, aber herzlich gibt er den wie wild an den Ketten reißenden Tieren deftige Klapse auf die starken Nacken.

Am nächsten Morgen Probefahrt. Sechs Stunden Gewöhnung an ein Gefährt auf zwei Kufen und eine winselnde, bellende, rauflustige Meute gefleckter Hunde. Der Schlitten ist einfach gebaut. Das Buchenholz ist verzapft. Auf eisenbeschlagenen Kufen gleiten sie über den Schnee. Ein Schlitten endet mit einer anderthalb Meter hohen Rückenlehne, auf die sich der Fahrer stützt, wenn er auf dem Trittbrett steht. Bei Abfahrten, besonders wenn es steil bergab geht, tritt er auf ein Brett, unter dem sich ein Dutzend kurze Eisenpflöcke befinden – die Bremse. Muß der Schlitten hinauf, springt der Fahrer ab und hilft den Hunden durch Schieben. Nur bei langen, glatten Fahrten über Schnee oder Eis sitzt

● 40 kräftige Pfoten traben übers Eis. Schlittenhunde sind robuste Tiere, die außergewöhnliche Temperaturen vertragen und dann auch noch zu enormen Leistungen fähig sind. Ist die Fahrt zu Ende, legen sie sich einfach zum Schlafen in den Schnee. Dann können ihnen starker Frost, ja sogar Schneestürme nichts anhaben.

der Fahrer vorn auf dem Schlitten. Aber flaches Gelände für solche Spazierfahrten ist in Ostgrönland selten.
20 Gespanne mit rund 240 Hunden! Welch ein wildschönes Bild bot an diesem Morgen die Hafenbucht. Sie sind alle schon eingespannt, zerren an den Leinen und jaulen vor Freude über die nahe Abfahrt. Sie können es kaum erwarten, daß es losgeht, springen hoch, bis sie die Leinen brutal herunterreißen, sind außer Rand und Band, beißen sich gegenseitig in Schwanz und Hinterläufe. Endlich sollen sie wieder laufen dürfen – nach langen Wochen Pause am Pflock. Kellys Schlittenhunde sind nicht von der großen Art der Huskies und Malemuts, es sind kleinere Samojedenspitze. Ihr festes dichtes Fell hat keine bestimmte Farbe, Schwarz, Weiß, Braun, Grau. Alle Töne sind möglich, sogar am selben Hund.
Ich bin ein bißchen enttäuscht: Die Hunde haben keine himmelblauen

Augen. Schade. Schlittenhunde sollten aber himmelblaue Augen haben.
Ein schlechtes Omen?
Zehn, zwölf bis vierzehn Tiere vor jedem Schlitten. Je nach Stärke und Alter des Hundes oder entsprechend der Last auf dem Schlitten. Vier Fahrzeuge für Verpflegung, zwei für Hundeführer, je ein Schlitten mit Kochkiste, einen mit »Erster Hilfe« bepackt und noch zwei für unsere Begleiter Kelly Nicolaisen und den englischen Berufsfotografen George Holten (er ist vor wenigen Wochen auf einer Expedition auf dem Yangtsestrom verunglückt). Karli, Chef der Eskimofahrer, versteht und spricht Dänisch. Alle übrigen beherrschen nur die Landessprache.
Plätze werden nicht verteilt, man sucht sich selber seinen Schlitten. Also gehe ich zum nächsten Fahrzeug, schüttle den Fausthandschuh des Fahrers und streichle nacheinander die Hunde. Das heißt: Ich will es. Denn schon der dritte Hund zieht die Lefzen hoch, knurrt und legt die Ohren an. Als ich erschreckt zurückzucke, setzt er nach, springt und verfehlt nur knapp meinen Handschuh. Das Zeichen für die anderen, wild zu bellen und an den Leinen zu zerren. Der Fahrer hat Mühe, sie zu beruhigen. Als sie endlich knurrend kuschen, erhalte ich einen strafenden Blick. Kaum sitze ich,

schießt der Schlitten nach vorn. Mit Anschnallen ist hier nichts, nur das Gepäck wird festgebunden. Auf Einhüllen in mollige Pelzdecken müssen die Passagiere verzichten. Das wird nur an der Westküste gemacht. Hier im Osten von Grönland ist das Reisen auf Hundeschlitten eine recht rauhe,

Der Leithund zeigt mit den Ohren, daß er die Kommandos hört. Und ihm folgen die anderen Hunde. Treu ergeben.

anstrengende Sache. Man sitzt auf dem harten Holz und versucht sich, so gut es geht, an den Seitenstreben festzuhalten. Vor mir hockt »mein« Eskimo und ruht sich aus für kommende Strapazen. Es geht ja vorläufig über glattes Meereis, und zwar in einem Tempo, wie man's kaum für möglich hält. Schön, das singende Geräusch der Schlittenkufen, der kühle Fahrtwind, die kalte Sonne. Romantisch wie im Bilderbuch.
Gelenkt werden die Hunde durch Zurufe. Mein Schlittenführer, Svenny, hat ein vertrauensvolles Verhältnis zum Leithund Erik. Mit dem spricht er fast ohne Pause, in wechselnder Stimmlage, mal leiser und mal lauter. Der Leithund läßt an der Haltung seiner Ohren erkennen, daß er zuhört. Ich bin zufrieden. Ja, so hab' ich mir eine Schlittenhundreise vorgestellt. Es ist wunderbar, das Wetter, der Sonnenschein, die sausende Fahrt und

● Bei Bergfahrten muß der Hundeführer helfen. Nur bei freien, glatten Strecken darf er mitfahren. Unsere Expedition führte durch die einsame Eiswildnis Ostgrönlands. Mitten hinein in Berge und Täler. Doch je weiter wir fuhren, um so unwegsamer wurde das Gelände, um so höher stieg die Temperatur. Tauwetter setzte ein. Eine Katastrophe.

das Wohlgefühl auf dem Schlitten. Gegen Mittag auf einer flachen Anhöhe eine dreiviertel Stunde Aufenthalt. Kaffee und Kakao aus der Thermosflasche, Würstchen mit belegten Broten, ein Schnäpschen für jeden. Ende der Probefahrt. Morgen wird's Ernst.
Wir starten schon früh. Ich habe sehr gut geschlafen, gefrühstückt und nun den Anblick der schweifwedelnden Samojedenspitze. Leider ist wegen steigender Temperaturen das Eis bemerkenswert weich geworden. Noch beschwerlicher wird es für die Hunde, als wir vom Ende des Fjords zu einer Höhe aufsteigen. Je nachdem, wie die Schlitten beim Umfahren von Hindernissen liegen, muß sich der Reisende nach links oder rechts hinüberlegen. Gleiten wir abwärts, muß sich der Passagier zurücklegen, beim Hinaufklimmen nach vorn beugen. Svenny zeigt es mir geduldig. Wir sind unterwegs nach Ikateq, einer nur von etwa dreißig Menschen bewohnten Siedlung, 40 bis 45 Kilometer von Angmagssalik entfernt. Erst folgen wir einem vereisten Bach, überqueren zwei zugefrorene Seen, gelangen dann zu einem 180 Meter hoch gelegenen See namens Amanaq. An seinem Nordufer machen wir Rast, was vor allem unsere Hunde nötig haben. Danach gelangen wir auf einen windigen Sattel im weißen Gebirge. So steil geht es auf der anderen Seite hinab, daß wir von den Schlitten müssen, deren Kufen mit Eisenketten umwickelt werden. Schreckensbleich schaue ich von droben auf die fast senkrechte Schneehalde. Da sollen wir zu Fuß hinunter? Unmöglich. Der Schnee ist noch weicher geworden und rutschig außerdem. Ein Ehepaar entschließt sich schnell zur Rückfahrt nach Angmagssalik. Während mutige Mitreisende den Abstieg allein versuchen, packen mich zwei Eskimos an den Ellbogen. Ehe ich begreife, was sie vorhaben, laufen die Burschen bergab, mich in der Mitte. Noch nicht halbwegs unten, lassen sie mich los. Ich rutsche, mit zunehmender Geschwindigkeit bergab, drehe mich im Kreis und glaube, meine letzte Minute sei gekommen. Meine Nase brennt fürchterlich. Der Schnee hat sie massiert. Der Steilhang endet jedoch in einer nach allen Seiten ansteigenden Mulde. Also komme ich zur Ruhe und kann mich schnaufend erheben. Meine Kontrolle bestätigt: noch alles dran. Nur auf der Nase ein paar Kratzer. Von unten sehe ich die Abfahrt der Hundeschlitten. Sie ist auch den Tieren unheimlich. Mit Befehlen und Hieben werden sie angetrieben. In Schneewolken gehüllt stieben die Schlitten herunter. Die Eskimos treten mit aller Gewalt auf ihre Bremsbretter. Dennoch überschlagen sich zwei Schlitten. Hunde, Fahrzeuge, Fahrer, alles kugelt in einer Lawine bergab. Erstaunlich gut und ohne Verletzte löst sich am Ende das Ganze wieder auf. Auch die Hunde sind okay. Wir fahren weiter bis runter zur Küste und machen Pause. Ein paar Eisberge sind hier festgefahren, so hoch wie die Kathedralen von Freiburg oder Straßburg. Da gibt es Torbögen, Türme, Ritterburgen, alles glänzt und glitzert in den tollsten Farben.
Bald darauf erreichen wir Ikateq. Auf hohen Gestellen trocknen viele tausend Lachse und Dorsche im Wind. Endlich bekommen die Hunde ihr Futter. Als Unterkunft steht uns die Schulkammer zur Verfügung. Nachtlager auf hartem Boden, ohne jede Heizung.
Übers Meereis wollen wir bei Tagesanbruch die Reise fortsetzen. Aber bei der steigenden Temperatur läßt sich das nicht machen. Deshalb auf gleichem Weg wieder hinauf ins Hochtal, aus dem wir gestern so mühsam abgestiegen sind. Das Hinaufstampfen im tiefen, feuchten Schnee ist noch schlimmer. Wir sind zu warm angezogen, mir läuft der Schweiß am ganzen Körper herab, bis hinein in meine aufgeweichten Moonboots. Mein Gott, ist das eine Schinderei. Wir Fremden haben noch nicht ein Drittel geschafft, da sind die Eskimos schon oben.
Fuß vor Fuß, mit den Händen vorgreifend, quäle ich mich bergauf. Da, der Schnee unter mir gerät ins Rutschen. Ich gleite zurück, fünf, zehn, zwanzig Meter. Der pappige Schnee bietet für Hände und Füße keinen Halt.
Jetzt bin ich der letzte.
Da liegt plötzlich ein Seil neben mir. Von den Eskimos heruntergelassen. Ich nehme an, um mir zu helfen, und binde mir das Ende um den Leib. Von oben kommt ein helles »Ho«.
»Ho«, rufe auch ich.

Wie im Aufzug rase ich den Berg hinauf. Die Eskimos haben die Hunde vorgespannt. Und eine Sekunde nicht aufgepaßt.

● Hundeschlitten waren jahrhundertelang das einzige Fortbewegungsmittel in den polaren Regionen. Amundsen entdeckte mit ihnen den Südpol. Heute werden die Tiere immer seltener. Motorschlitten ersetzen die drei Rassen: Samojedenspitze, Mameluks, Huskies. Nur sie sind blauäugig.

Ein Ruck durchfährt meinen Körper. Starr vor Schreck bleibt mein Schreien in der Kehle stecken. Ein Aufzug, eine Motorwinde? Wo haben die Kerle diesen Apparat versteckt? Kalter Schnee reibt mein Gesicht glühend heiß, dringt in den Halsausschnitt ein. Wie ein Schlitten sause ich über den nassen Schnee – bergauf. Schon naht die erlösende Kante. Ich atme auf, hebe meinen Kopf aus dem Schnee. Doch das Ziehen hört nicht auf. Es geht weiter, vorbei an den wild gestikulierenden und schreienden Eskimos, vorbei an den wie zur Parade aufgestellten Schlitten. Ein mutiger Fahrer stürzt sich auf mich, will mich halten. Ich glaube, es ist Svenny. Doch das Tempo ist zu groß, und ich bin mit zu viel Schnee bedeckt. Meine Kleidung ist zu glatt für seine derben Fäustlinge. Jetzt habe ich begriffen: Sie

Die Hunde sind durchgebrannt. Meine Nase zerkratzt. Plötzlich bleiben die Tiere stehen. Svenny hat sie eingeholt.

haben die Hunde an das Seil gespannt! Wie ein erlegtes Wild sollten sie mich hochschleifen. Aber eine Sekunde lang hat der Hundeführer wohl nicht aufgepaßt, und die Tiere sind durchgegangen. Und ausgerechnet ich muß an diesem Gespann hängen. Schlittenhunde, so fällt mir ein, können laufen, bis sie tot umfallen. O Gott, ich habe Angst. Schreie. Stemme mich mit Armen und Beinen in den Schnee. Doch die Hunde rasen dem Leithund nach. Und kennen kein Hindernis. Mir fallen die schwarzen Felsen ein, die Eisblöcke mit ihren scharfen Kanten und Spitzen. Ich kriege noch mehr Angst, überlege schon, wie ich den Knoten löse. Diesen Patentknoten, den ich zwar stecken kann, aber nicht aufbringe. Doch soweit kommt es nicht. So plötzlich, wie der »Aufzug« begonnen hatte, so schnell stoppte er. Ich wühle mich aus dem Schnee. Meine Augen tränend, mein Gesicht angekratzt, die Lippen blutig. Mit steifen Händen fingere ich am Knoten – bringe ihn sogar auf. Als ich mich umdrehe, kommt ein Hundegespann mit »meinen« Aufzughunden zurück. Breit lächelnd klopft mir der Eskimo den Schnee von der Jacke. Es ist Svenny. Ein paar stärkere Schläge auf den Rücken, die wohl bedeuten: »Gut gemacht Fremder, fast so gut wie wir.« Bei der Mannschaft Händeschütteln und Begutachten. Ich bin ein Held. Eigentlich ist Tiniteqilaq Ziel der nächsten Etappe. Eine vergleichsweise große Stadt mit nahezu 200 Einwohnern. Aber es ist schon wieder wärmer geworden. Zwei bis drei Grad über Null. Karli und

»Wir Europäer sind die Wildnis des Nordens nicht gewöhnt. Schwierige Situationen werden dann oft zum Abenteuer.«

● Häuser, ein Fußballplatz. Die riesige Insel bewohnen nur wenige Menschen. Diese dänische Siedlung entdeckten wir an der Küste. Ein fast heimatliches Bild – in das unwirkliche Licht des Polarkreises getaucht.

Kelly Nicolaisen befürchten, daß wir bei so pappigem Schnee nicht über die bis zu 1000 Meter hohen Pässe kommen. Noch weniger ist an einen Rückweg zu denken. Das Gelände nach Angmagssalik ist noch schwieriger. Unsere Lage ist schlecht, und wir alle brauchen eine Weile, bis wir begreifen, daß unser Leben in Gefahr kommen kann. Unsere Anführer wollen mit allen Mitteln versuchen, nach Quernertuassuit durchzukommen. Dort muß man allerdings gegen Ende der Fahrt einen Meerarm überqueren.
Also weiter: Steil hinauf und steil bergab. Manchmal ist nicht zu erkennen, wo die Talfahrt endet.

Wenn die Hunde raufen, fließt auch Blut. Dann wirkt nur noch die Autorität des Schlittenlenkers.

Die Hunde werden langsam müde. Sobald das Gelände ansteigt, springen die Fahrer ab und auch die Passagiere versuchen jetzt nach Möglichkeit zu helfen.
Hinter einer Kuppe machen wir Rast. Wir stehen in Schneepfützen, sinken bis über den Stiefelrand in die feuchte, breiige Masse. Nun ist Hundefütterungszeit. Wie ausgehungert schnappen die Tiere nach den trockenen Fischen. Sie sichern ihre »Beute« vor dem Zugriff der anderen, indem sie ihre Pfoten darüberlegen. Bei Karlis Gespann gibt es eine wilde Rauferei. Karli hat schlecht gezielt, der Fisch fällt genau zwischen zwei Tiere. Wütend knurren sich die Hunde zunächst an. Als der vordere nach dem Lekkerbissen schnappen will, schlägt ihm der andere Hund seine Zähne ins Ohr. Blut fließt über das weiße Fell und tropft in den Schnee. Doch der Angegriffene antwortet umgehend – wütend stürzt er sich auf seinen Nachbarn. Er bekommt ihn an einer empfindlichen Stelle zu packen, an der Leiste. Jetzt heult der andere auf. Karli versucht zu schlichten, schlägt auf die Tiere ein und schreit sie an. Zunächst folgen die Schlittenhunde, dann, als er ihnen den Rücken zukehrte, fallen sie blitzartig erneut übereinander her. Ein bissiges Knäuel aus Fell und Leine. Karli bleibt nichts anderes übrig, als die Leinen mit seinem Messer zu kappen. Dann schlägt er wie wild auf die Raufenden ein. Es kostet ihn einige Anstrengung, aber es gelingt schließlich. Zwei neue Leinen müssen her.
Wir alle sind restlos durchnäßt. Unter meinem Schlitten höre ich mehrmals gurgelndes Wasser, bin stets in Gefahr, durchs Eis zu brechen. Öfter rutschen und kratzen wir durch offene Bäche, knirschendes Geröll unter den Kufen, böiger Wind aus Seitentälern faucht uns in die Flanke. Als für wenige Minuten die Wolken aufreißen, sehen wir in weiter Ferne Quernertuassuit. Der Name bedeutet »wo man die Schwarzen Berge sieht«.
Wir fahren über Meereis durch handhohes Wasser. Quernertuassuit müssen wir erreichen, sonst... Es knirscht und knackt. Die Schlitten sitzen oft fest. Immer langsamer kommen die Hunde voran. Stunden vergehen, bis endlich die »Schwarzen Berge« näher rücken. Dann passiert es, was wir alle befürchtet haben: Der Leithund eines Gespanns versinkt im Wasser. Mühsam stoppt das Gefährt. Zwei weitere Hunde brechen ein. Langsam ziehen die Eskimos den Lastschlitten rückwärts. bis die Hunde wieder oben sind. Eine Spalte, ein Riß im Eis. Unsichtbar für uns. Ein Sturz ins Wasser bedeutet für

● Ein Eisbär! Der König der Arktis ist in Ostgrönland selten. Er kann ausgezeichnet schwimmen. Doch der Bär wagt sich tagsüber nicht an den Menschen und seine Siedlungen heran. Und nur nachts treibt ihn der knurrende Magen in die Nähe der Häuser. Eisbären wittern über gewaltige Entfernungen Abfall, den sie einfacher erbeuten können als Robben.

den Menschen hier draußen in der Bucht den Tod. Alle Schlitten schlagen unter Kellys Führung einen großen Bogen um das Einbruchloch. Nach hundert Metern ist die Gefahr vorüber. Doch jetzt wollen alle überall Risse und Spalten sehen. Als wir kaum noch ein gutes Ende erwarten, tauchen Behausungen auf. Das ist Quernertuassuit! Alle zittern vor Kälte, Nässe und Erschöpfung. Die Hunde keuchen mit letzter Kraft. Es regnet in Strömen, kein Mensch ist zu sehen. Endlich zwei in Umhänge gehüllte Frauen, die wortlos auf einen Schuppen zeigen. Das graubraune, mit Teerpappe gedeckte Gebäude, dient als

Das Wetter hält uns gefangen. Wir warten in der stickigen Kammer der Seehundjäger. Unsere Vorräte schwinden.

Unterkunft für Seehundjäger, die von schlechtem Wetter überrascht werden.

Wir können fürs Nachtlager nicht die Beine ausstrecken, so eng ist es. Aber wir sind in einem beheizten Raum. Sobald unsere nassen Kleider von der Decke hängen und der Kochkessel dampft, wird die Kammer stickig feucht. Hin und wieder muß jeder mal hinaus. Ein schwieriges Unternehmen! Heulender Wind, tiefer Wasserschnee, hungrig herbeilaufende Hunde. Keine Deckung weit und breit! So richten wir uns nach einer bewährten Regel: Ladies links, Gentlemen rechts!

Doch auch draußen ist es nicht angenehmer. Die Hunde haben aus dem weißen Schnee eine braungraue Kloake gemacht. Das Wetter wird schlechter. Auch die Grönländer meinen, daß an Rückkehr nicht zu denken ist. Es wäre lebensgefährlich. Kelly versucht wohl hundertmal, mit Sprechfunk nach Kulusuk durchzukommen. Den Hubschrauber will er herbeirufen, aber der darf bei dichtem Nebel nicht starten. Wir haben nichts zu lesen, keinen Tropfen Alkohol und zur Beleuch-

tung nur wenige Kerzen. Als am dritten Tag nur noch Tee, Hartbrot und Spaghetti vorhanden sind, meint Kelly, wir hätten für den Notfall 240 Samojedenspitze, an Hunger könnten wir kaum zugrunde gehen. Nicht nur die Eskimos leben notfalls vom Fleisch ihrer Hunde, sondern auch Forscher wie Roald Amundsen. Er schlachtete sie auf der Rückkehr vom Südpol. Ganz plötzlich, ohne jede Vorwarnung, hat sich frühmorgens am 20. April das Wetter gebessert. Sofort entschließen sich Kelly und Charly zur Abfahrt. Wir müssen heute durchkommen, sonst kann es womöglich Wochen dauern. Weit auseinandergezogen ist die Kette der

Die Eisdecke zerbricht. Ein Schlitten treibt auf einer Scholle davon. Die Hunde holen ihn zurück.

Gespanne. Die schwankenden Schlitten rutschen mehr durchs Wasser als durch Schnee. Unheimlich gerade dieser Teil der Strecke! Als wir Festland erreichen, ist schon viel geschafft. Auf Rast und Ruhe ist nicht zu hoffen, die halbwegs gute Sicht müssen wir nützen, solange es geht. Kelly, der Däne, reicht mir aufgeregt das Fernglas. Dort, auf der Landzunge, Robben! Ich taste mich mit dem Glas heran. Tatsächlich, ein großer Bulle hat sich mit seinem Harem dort niedergelassen. Mit ihren Kugelaugen blinzeln sie zu uns herüber. Bestimmt hat er Witterung von den Hunden bekommen. »Wo Robben sind, können auch Eisbären sein. Aufpassen!« meint Kelly. »Solche Burschen folgen dem Hundeschlitten oft kilometerweit. Sie hoffen auf die günstige Gelegenheit, Abfall oder gar einen der Spitze zu ergattern. Eisbären sind schlau. Nur schlaue Bären können in Grönland überleben«, sinniert Kelly. Nachher erfahre ich, daß Eisbären in Ostgrönland sehr selten sind. Zu wenig Beutetiere machen ihnen das Überleben schwer. Wir sind jetzt auf dem Gletscher. Hin und wieder ein Warnruf, damit wir rechtzeitig den Spalten ausweichen. Die Abfahrten sind besonders schwierig, weil aufkommender Nebel die Orientierung schwermacht. Mühsam, mit halben Schritten, erklimmen wir die Paßhöhe. Absteigen, das Fahrzeug schieben und nebenherlaufen wird zur Qual. Selbst die Grönländer stapfen keuchend neben ihren Hunden her. Hin und wieder teilen sich die Nebelschwaden. Der Anblick ist grandios: riesige Gletscherschluchten, alles Eis. Die Welt scheint nur aus Eis zu bestehen, klaffendem, in allen Farben schimmerndem Eis. Es ist riskant, an den schrägen Wänden entlang zu fahren. Wir alle haben Angst. Aber keiner läßt sich was anmerken. Gerade überquert der Schlitten einer jungen Frau einen gefrorenen See. Das Eis knirscht schrecklich und löst sich in Schollen auf. Wie durch ein Wunder steht das Gespann samt Hunden auf einem Stück. Die Scholle mit dem Schlitten der Frau dreht sich um sich selbst und scheint abzutreiben. Die Hunde erkennen die Gefahr im Bruchteil einer Sekunde. Als die Scholle noch einmal kurz am festen Eis anstößt, jagen sie los und bringen die Eskimos, die junge Frau und den Schlitten in Sicherheit.

Noch fast zwölf Stunden schleppen wir uns durch das Eis. Stumpf trotten wir nebeneinander. Plötzlich blicken von tief unten die Lichter von Angmagssalik herauf. Unsere Erleichterung gipfelt in einer wilden Schußfahrt herunter zur Bucht. Meinen alten Svenny packt der Ehrgeiz. Sein Gespann soll als erstes im Ort sein. Er feuert die Hunde an, und sie laufen, laufen, laufen. Eine Fahrt wie für den Teufel gemacht. Ein letztes Mal das unvergeßliche Knirschen der Kufen, Spritzen des Wassers. Der Wind scheint uns mit sich fortzutragen... Vorn das Geräusch der hechelnden Hunde, hinter mir das »ho« des Eskimos - ich werde es niemals vergessen.

● Schlösser, Burgen, Tore – geheimnisvolles Eis. Aber auch tückisch. Spalten und Risse auf der Bucht können zum Verhängnis werden. Wenn ein Gespann einsinkt, gibt es meist keine Rettung. Nur die Hunde werden von den Leinen geschnitten. Ein Bad im Eismeer endet für einen Europäer meist mit einer Lungenentzündung.

»Wenn sich der Nebel teilt, ist der Anblick märchenhaft. Die Welt scheint nur aus klaffendem Eis zu bestehen. Wir bekommen alle Angst.«

FALLSCHIRMSPRINGEN

Hopptausend, zwotausend, dreitausend, viertausend.

Zwischen Himmel und Erde
fühlst du dich als Riese.
Der Lohn der Angst, denn bis zum freien Fall
kostet dich das Abenteuer eine Menge
Nerven und Zähneklappern.

...und ziehen!

Von Claus Deutelmoser

FALLSCHIRMSPRINGEN

Klarer Fall von Feigheit. Fallschirmspringen wäre nichts für mich! Daran änderte auch die Tatsache nichts, daß vor meinen Augen hübsche, zerbrechliche Mädchen mit Todesverachtung in ihre Springer-Kombinationen schlüpften und ohne Zaudern in die bereitstehende Maschine stiegen. Ein schöner Sommermorgen. Training, Klubleben wie in anderen Sportvereinen auch: Flachsereien, Begrüßungen, Organisationsfragen, emsige Geschäftigkeit. Fast alle, die zum Training gekommen waren, hatten entweder Familie, Freunde oder Freundinnen mitgebracht. Da tollten Kinder herum und sonnten sich Mütter. Niemand schien dieser Angelegenheit zwischen Himmel und Erde besondere Beachtung zu schenken. Nur etwas während des ganzen Tages verriet mir, daß in Wirklichkeit alle wachsam waren. Anscheinend hatte einer der Freifaller seine Auslösung ein wenig zu spät betätigt. Für einen Laien nicht zu erkennen, aber alle, die es anging, hatten es bemerkt. Spannung. Für den Bruchteil einer Sekunde wich die lachende Geschäftigkeit einer Grabesstille. Dann, als sich der Fallschirm geöffnet hatte, war alles wie vorher. Leichter Dunst am Himmel: Nur ganz vage konnte man die Sportmaschine, die die Springer absetzte, ausmachen. Wann sie absprangen, war gar nicht zu sehen. Plötzlich schossen dann die Fallschirme wie große Champignons aus dem Blau.

Angefangen hatte alles im Sommer, als ich mit dem Kameramann Rainer Walzl zusammentraf, der gerade an einem Fallschirm-Schulfilm für die Bundeswehr arbeitete. Der kann erzählen, der Bursche: ein alter Haudegen, der schon die tollsten Dinge vor der Kamera hatte. Er schwärmte derart packend, daß mein Interesse erwachte. Vielleicht war das Stoff für eine Geschichte? Lektüre besorgen, Informationen einholen, bilden. Aber viel Lesbares über diesen Sport gibt es nicht. Immerhin, einige interessante Facts waren doch darunter: Wußten Sie, daß Fallschirmspringen – abgesehen von Dädalus und Ikarus, den Sagengestalten der griechischen Mythologie, bei denen ja gerade letzterer mit seinen fliegerischen Versuchen nicht sehr erfolgreich war – bei weitem der älteste Luftsport ist? Noch ehe nämlich das italienische Allroundgenie Leonardo da Vinci um 1495 die erste Zeichnung eines Fallschirms vollendete, berichteten Fernostreisende bereits von siamesischen Gauklern, die auf Jahrmärkten mit Fallschirmen von Gerüsten sprangen und – überlebten. Über die Frage, wem die Ehre des ersten bezeugten Fallschirmsprungs der Geschichte gebühre, gehen die Meinungen auseinander: So hat im gleichen Jahr 1783, in dem Pilatre de Rozier seinen Flug mit der Montgolfiere heil überstand, ebenfalls ein Franzose, der Erfinder Lenormand, zum ersten Mal einen Fallschirm aus geringer Höhe ausprobiert. Auf die Sprunghöhe kam es jedoch an, und die war in der Folge von der Entwicklung der Luftfahrt abhängig. Deshalb wird ein anderer als Pionier des Fallschirmspringens gefeiert: Am 22. Oktober 1797 stieg ein junger Mann namens Andre Jacques Garnerin mit einem Ballon über Paris auf und sprang aus großer Höhe ab. Er überlebte. Der Weg für eine der faszinierendsten Sportarten war frei.

Nun könnte man leicht ins Philosophieren darüber kommen, was Menschen wie Garnerin damals und die »Freifaller« von heute dazu treibt, sich ins Nichts zu stürzen. Das bloße Überwinden von Angst und Schrecken allein scheint

● Der Sprung aus der Maschine treibt mir den Angstschweiß auf die Stirn. Dabei hatte ich das Springen schon »auf dem Trockenen« geübt: an einem Laufseil festgehakt vom »Turm«. Doch dann kommt die Entschädigung: der freie Fall. Noch nie sah die Welt schöner aus.

keine ausreichende Motivation zu sein, denn dazu muß man nicht in die Luft.
Es muß auf dem Weg zwischen Himmel und Erde eine Art Rauschzustand oder etwas Vergleichbares geben.
Ein Irrtum, zu glauben, ein wenig Herumschnuppern in der Atmosphäre eines Fallschirmspringer-Meetings brächte einen auf die Spur dieses Phänomens. Du mußt schon selbst springen, sagte man mir. Das gerade war jedoch der Haken an der Sache.
Die 50 Mark, die ich für die ärztliche Flugtauglichkeits-Untersuchung hinlegen mußte, waren ein erster Schritt. Irgendwie ist ja jeder froh, wenn er gesund ist, aber ein klein wenig hätte ich doch gehofft, ein Überbein, ein gelindes Rasseln der linken Lunge oder eine unbemerkte Farbenblindheit könne mir den Weg zur Flugtauglichkeit verbauen (in Baden-Württemberg ist mit der Flugtauglichkeits-Untersuchung sogar ein Syphilis-Test verbunden), aber statt dessen sprach sich der Doktor anerkennend über meine Lungen-Kapazität aus, lobte meine Herztöne und notierte, ich sei topfit.
Trotz allem, in der Nacht vor meinem ersten Sprung hatte ich hervorragend geschlafen. Allerdings war das kein Zeichen außergewöhnlicher Nervenstärke. Der Wetterbericht hatte am Abend zuvor für die kommenden Tage eine Gewitterfront angekündigt, und ich war einfach der festen Überzeugung, das Springen würde deswegen ausfallen.
Der Morgen hielt dann übrigens auch, was die Meteorologen versprochen hatten: Dicke graue Wolken hingen regenschwer am Himmel, und gelegentlich fielen sogar ein paar Tropfen. Herrlich! Der Münchner Marwig Herzog, Chef einer Springer-Schautruppe mit dem sinnigen Namen »Ikarus«, hatte meinen Jungfernsprung möglich gemacht. Er tat mir leid. Zweimal hatte er den Termin schon verschieben müssen, und auch diesmal machte das Wetter wieder einen Strich durch die Rechnung. Dachte ich. Denn als ich auf dem Sprunggelände im bayerischen Altenstadt ankam, war das Wetter zwar unverändert schlecht, die Stimmung beim Veranstalter aber großartig. Ich sollte schnell erfahren, warum: »Sie brauchen keine Angst zu haben. Wir können springen. Die Wolkendecke liegt mehr als tausend Meter über Grund. Das reicht, und die paar Tropfen sollen uns nicht schrecken!« verkündete einer der Organisatoren. Mein Magen war plötzlich ein steinharter Klumpen, und wiederholt fragte ich mich, welcher Teufel

● Fallschirmspringen ist Vergnügen pur – sagen die Springer. Und wenn man diese hier betrachtet, möchte man ihnen glauben. Der Kameramann Henny Wyggers trägt seine Video- und Fotoausrüstung auf dem Helm und liegt wie auf einem unsichtbaren Brett. Und der am geöffneten Schirm hängende Springer scheint in der Luft spazierenzugehen.

mich geritten haben mag, mich auf dieses Abenteuer einzulassen.
Meine Unsicherheit wurde durch Widersprüche noch gesteigert: Einerseits meinten die alten Hasen, daß bei so einem Automatik-Sprung überhaupt nichts passieren könne, andererseits schlich unauffällig und in korrektes Grau gekleidet ein Versicherungsagent herum, der – solange man vermutlich noch in der Lage war, einen Kugelschreiber zu halten – mit einer Police die Hinterbliebenen finanziell schützen wollte.
Den Automatik-Schirmen, mit denen wir uns aus dem Flugzeug schwingen sollten, sagt man beinahe tausendprozentige Funktionssicherheit nach, dennoch ist Fallschirmspringen kein ungefährlicher Sport. Das Gerät ist dabei selten schuld – der Unsicherheitsfaktor ist der Mensch mit seiner Unachtsamkeit, dem Übermut und Leichtsinn, der sich auch bei Könnern immer wieder einstellt.
Auch der Aufsprung ist bei der geringen Sinkgeschwindigkeit der Automatik-Schirme angeblich harmlos. Dennoch, für alle Fälle trainiert man ihn an einem Spezialgerät: Mit Gurtzeug (aber ohne Schirm) wird der Sprungschüler auf einer Rampe in etwa drei bis vier Meter Höhe an ein Pendel gehakt und muß sich ins Freie schwingen. Er wird dabei vom Ausbilder durch einen Flaschenzug festgehalten und zunächst langsam der Erde nähergebracht. Allerdings nicht ganz. Einen halben Meter über dem Boden läßt er plötzlich los, und der Aufprall muß – gleichgültig ob vorwärts, rückwärts oder seitwärts – mit einer Springer-Rolle abgefangen werden. Für halbwegs bewegliche Leute ist das kein Problem, wenn sie die Beine schließen und leicht anziehen, nicht zu Boden sehen und den Körper locker lassen.

Du mußt zählen, weil der Reserveschirm göffnet werden muß, wenn sich der Hauptschirm nicht öffnet.

Dann der »Turm«, eine Erfindung, um ängstlichen Gemütern den Schneid von vornherein abzukaufen. Nichts wie rauf, dachte ich, dann hast du's hinter dir. Aber so reibungslos, wie ich mir das vorgestellt hatte, ging das nicht. Vor mir war eine Dame zu der etwa 15 Meter hoch gelegenen Luke gestiegen, aus der es herauszuspringen galt. Der junge Mann, der dort oben nach dem Rechten sah, konnte ihr noch so sehr versichern, daß sie direkt nach dem Herausspringen von einem federnden Laufseil aufgefangen und zu einem Gegenhang hinübergleiten würde, auf dem sie unbeschadet landen könnte. Die Dame, von der ich wußte, daß sie sich im beruflichen Alltag durch eine gefürchtete Behaarung auf den Zähnen auszeichnet – sie wollte nicht. Ein paar Stunden später sollte sie sich ohne Zaudern wie ein Berserker aus der Maschine stürzen und ganz aufgelöst vor Glück landen.
Verstehe einer die Frauen! Ich war immer noch dabei, mir den Kopf über weibliche Logik zu zerbre-

»Instinktiv suchen meine Hände nach einem Halt. Aber da ist nichts außer Luft. Dann der erlösende Ruck, ich schwebe.«

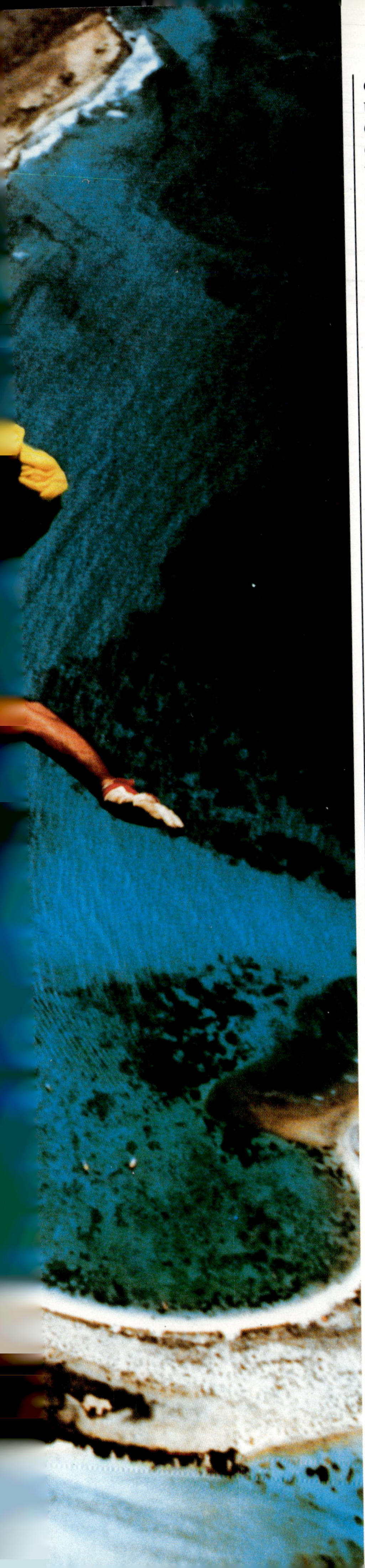

chen, als ich selbst in die Luke trat und eingehängt wurde. Ich sah in die erwartungsfrohen Gesichter, die von unten zu mir heraufschauten, sah den Kies zu ihren Füßen, sah den Höhenunterschied und dachte nicht mehr an die Seile, die mich halten würden. Zeitschinden war das Gesetz der Sekunde.
»Schauen Sie einfach nach vorn und vergessen Sie nicht, eintausend, zwotausend, dreitausend, viertausend zu zählen«, riet mir der junge Mann, der mich eingeklinkt hatte.
»Wieso denn vier so große Zahlen?« fragte ich, um den schrecklichen Augenblick noch etwas hinauszuzögern. »Weil dann, wenn sich der Fallschirm in dieser Zeit nicht öffnet, die Reserve gezogen werden muß.«

So blickte ich nach vorn, wie er mir geraten hatte, sah die Alpenkette vor mir, umfaßte die beiden Holme neben mir, ging in leichte Schrittstellung und trat mit einem festen Blick auf meine geliebten Berge hinaus ins Freie. Einen Augenblick Schwerelosigkeit, dann ein heftiger Ruck und federnd pendelnd glitt ich an den Laufrollen hängend zum Bremshügel hinüber. Die Erde hatte mich wieder. Natürlich hatte ich das Zählen vergessen.
Plötzlich war ich von einem unbändigem Mut erfüllt. Jetzt eine Maschine, und ich wäre sofort gesprungen. Aber der Nachmittag war noch grauer als der Morgen, und die Tropfen fielen dichter. Ich mußte warten. Das kostete Nerven, zumal das Wetter immer schlechter wurde und einige Dinge passierten, die nicht geplant waren. Fernsehleute wollten einen Film über diesen Tag machen, und dazu brauchten sie natürlich auch Szenen vom Aussteigen aus der Maschine. Deshalb flogen sie mit ihrer Maschine etwas höher als die normale Anfänger-Sprunghöhe von 500 oder 600 Metern. Dort oben waren die Windverhältnisse anscheinend anders, denn ein

● Formationsflug – ein Höhepunkt des Fallschirmspringens. Kaum vorstellbar, daß jeder Springer seine Fallgeschwindigkeit durch geschickte Körperhaltung erhöhen oder senken kann, um auf gleiche Höhe mit den anderen Männern der Gruppe zu kommen.

Sportkommentator, der auch zum erstenmal sprang und die Maschine gleich nach dem Freifaller verlassen hatte, der ihn dabei filmte, wurde abgetrieben und flog und flog. Später, als man ihn wieder eingesammelt hatte, berichtete er, daß er mit Mühe und Not in einem Bauernhof gelandet sei und daß ihm die Leute applaudiert hätten, weil sie glaubten, er habe eben einen Kunstsprung gezeigt.

Bei einem anderen Springer gab es eine »Semmel«, wie eine leichte Funktionsstörung des Schirms im Fachjargon heißt. Der Schirm hatte sich aus irgendwelchen Gründen leicht nach innen eingestülpt. Eine Situation, die sehr gefährlich sein kann, wenn die Einstülpung größer ist.

Irgend jemand legte mir tröstend die Hand auf die Schulter und meinte: »Beim ersten Mal hat jeder Angst, und wenn er keine Angst hat, dann ist er ein Feigling, weil er's nicht zugibt!« Eine merkwürdige Logik, die mich aber entspannte. Mit gespielt rechthaberischer Miene verkündete der alte Sprunghase: »Beim Fallschirmspringen geht immer alles gut!« Dann holte er mit seinem Arm aus, stoppte die Hand vor meiner Nase, zeigte mit Daumen und Zeigefinger einen kleinen Abstand und fügte leise hinzu: »...bis so weit überm Boden!«

Inzwischen regnete es richtig, und auch ein etwas stärkerer Wind war aufgekommen. »Erschwerte Einsatzbedingungen?« fragte ich. »Keineswegs«, meinte der Absetzer, »das kriegen wir schon hin.«

»Und wenn sich der Schirm nicht öffnet?« Dann hast du noch immer »einen in Reserve«. Ich dachte an

Schweigen vor dem Sprung. Die Zunge ist festgeklebt. Der Motor dröhnt. Du denkst an nichts. Spürst Beklemmung und Angst.

die junge Frau aus Alabama. Eine ganz gewöhnliche Fallschirmspringerin. 2 500 Meter überlebte sie im freien Fall ohne Schirm. Ihre Rettung war ein dichtes Fichtenunterholz. 7 000 Meter ohne Schirm »schaffte« ein sowjetischer Bomberpilot und gar 25 700 Meter der Amerikaner Joseph Kittinger. Er verließ in 31 000 Meter Höhe eine Helium-Ballon-Gondel, ließ sich auf eine Höhe von 5 300 Metern durchfallen und erreichte dabei eine Fallgeschwindigkeit von 982 Kilometern in der Stunde. So wahnwitzig wollte ich gar nicht sein.

Gurtzeug, Fallschirm und Reserve-Fallschirm wurden kurz noch einmal überprüft, dann zwängten wir uns mit den 15-Kilo-Päckchen zu dritt in den engen Innenraum der Sportmaschine. Der Absetzer hakte die Reißleinen unserer Automatik-Schirme an einem Bügel fest, und dann ging es auch schon los. So ungefähr müssen sich wohl Rinder vorkommen, die im Viehwagen zum Schlachthof gebracht werden. Wir schwiegen.

Unterhaltung hätte – auch wenn die Zunge nicht am Gaumen festgeklebt wäre – kaum einen Sinn gehabt, der Motor dröhnte zu laut. Nach einer kleinen Ewigkeit, in der das Flugzeug von Böen heftig durchgeschüttelt wurde, riß der Absetzer plötzlich die Luke auf. So, wie einer eine Autotüre öffnet. Nur mit dem Unterschied, daß das Ganze hier 600 Meter über dem Boden passierte. Er beugte sich aus der Maschine und schaute nach, ob wir bereits über dem günstigsten Absetzpunkt waren. Anscheinend noch nicht. Denn die Luke wurde wieder geschlossen. Ein paar Sekunden später war es dann soweit: Im regnerischen Grau unter uns lagen abgeerntete Felder. Ein Schachbrett des Grauens, auf dem wir in ein paar Minuten mehr oder weniger glückliche Figuren abgeben würden. Der Absetzer gab uns ein Zeichen. Ein wenig beruhigte es mich, auf den Gesichtern der anderen meine eigene Angst zu erkennen. Dann hatte der erste seine

● Vereine und Firmen nutzen den spektakulären Reiz des Fallschirmspringens und buchen Demonstrationssprünge für Feste oder Werbung. Eine Besonderheit des Fallschirmspringens ist das Kappenrelativspringen, bei dem zwei oder mehrere Fallschirmspringer mit geöffneten Fallschirmen eine Formation fliegen.

● Freestyle ist wohl die jüngste Variante des Springens. Die ungewöhnlichsten Figuren im Freifall werden ausprobiert. Hier fliegen gleich vier Springer in einer Sternformation die Figur des „Flamingos".

● Erlernt werden kann das Springen in einem AFF-Kurs. AFF steht für Accelerated Freefall. Wörtlich übersetzt heißt das: beschleunigter Freifall-Kurs. Bereits nach wenigen Sprüngen ist der Schüler in der Lage, alleine einen Freifallsprung zu absolvieren. Die konventionelle Ausbildung beginnt mit einem Sprung an der Reißleine. Wer das Gefühl des Springens kennenlernen möchte, ohne eine Ausbildung zu absolvieren, kann dieses Abenteuer als Tandem-Passagier mit einem erfahrenen Springer erleben.

Beine aus der Luke geschwungen. Bruchteile einer Sekunde Zögern, dann der Zug der Arme – weg war er. Beim zweiten das gleiche. Dann war ich an der Reihe. Plötzlich hingen meine Beine draußen. Obwohl sich das Ganze in nur wenigen Zehntelsekunden abspielte, hatte dieser Augenblick doch etwas Zeitlupenhaftes an sich. Ziemlich nüchtern konnte ich noch feststellen, daß die Angst einer kühlen Schicksalergebenheit Platz gemacht hatte. In dem Moment, wo ich den Kopf nachziehen wollte, bekam ich den Schulterklaps von Absetzer – schlecht war ich weggekommen. Zu schief. Für ein paar Zehntelsekunden versuchte ich meine Lage zu stabilisieren, instinktiv suchten meine Hände nach einem Halt, aber um mich herum war nichts Greifbares.
Dann ein leichter, kaum merklicher Ruck, ich pendelte in der Luft. Der Fallschirm hatte sich geöffnet. Über mir die 64 Quadratmeter Nylonstoff sauber geöffnet und prall gefüllt – eine Halbkugel mit rund acht Metern Durchmesser. In den ersten Sekunden jedoch sorgten die Seile dafür, daß ich den Sprung nicht so recht genießen konnte. Da ich so schlecht aus der Maschine gekommen war, hatten sie sich verdreht, und so mußte ich zunächst Karussell fahren, ehe ich die Steuerschlaufen frei bekam, um den Schirm richtig auszurichten. Man muß mit dem Gesicht zur Windrichtung aufsetzen, also mit dem Rücken zum Landepunkt. Das hatte ich gelernt. Zur Hilfestellung hatte man uns einen Kirchturm gezeigt. Doch wo war er? Noch ein paar Kreisel, dann hatte ich seine rote Spitze im Blickfeld und konnte den Schirm auf den richtigen Kurs bringen. Jetzt erlebte ich auch dieses Gefühl, das Fallschirmspringen vermutlich zur Manie machen kann: das lautlose Gleiten, Schweben, Sinken in die Landschaft unter einem, diese Prise der Freiheit. Wenn ich mir nicht albern vorgekommen wäre, hätte ich bestimmt laut zu singen begonnen. Erleichtert schaute ich nach oben, und genau in diesem Moment fiel mir ein, daß ich vergessen hatte, die vier Tausenderzahlen herunterzubeten. Was hätte ich gemacht, wenn sich der Fallschirm nun nicht geöffnet hätte?
Doch für eine Gänsehaut war es zu spät. Mit dem Aussteigen und dem Öffnen des Fallschirms war schlagartig alle Angst von mir abgefallen. Statt dessen gab es da nur noch dieses Glücksgefühl, das schwer zu beschreiben ist.
Auf einmal fühlst du dich so, als hättest du nie etwas anderes gemacht als Fallschirmspringen. Du hast die Steuerschlaufe in der Hand. Ein kurzer Zug rechts, dann vielleicht einen links. Der Fallschirm gehorcht dir.
In den Augenblicken zwischen Himmel und Erde fühlst du dich wie ein Riese. Bäume, Häuser, Felder, Autos – das alles ist Miniaturausgabe. Du bist weit über ihnen. Ein Herrschergefühl. Ein Siegergefühl. Und dann diese Stille. Kein Windhauch, denn der Wind trägt dich ja mit sich. Kein Laut. Du spürst, wie das Herz, das eben noch in den Sekunden vor dem Aussteigen wie verrückt hämmerte, ruhig und gleichmäßig schlägt. In diesen Momenten wünschst du dir, daß dieser Flug niemals aufhören möge. Das ist Freiheit. Der Spruch »Nur Fliegen ist schöner« wird hier noch gesteigert: Nur Fliegen und dann mit dem Fallschirm hinausspringen ist schöner! Du hast deine Angst überwunden. Du hast es fertig gebracht, diesen häßlichen Klumpen in deinem Magen

Eine Bö warf den Schirm um und mich in die weiche, feuchte Erde des Ackers. Ich spürte nicht, daß er frisch gedüngt war.

zu beseitigen. Du hast Mut gehabt. Viel zu schnell ging dieser Augenblick – gemessen an den tausend Ängsten – vorbei. Wie Spielzeug tauchten unter mir ein Traktor und ein Heustadel auf, und plötzlich war ich unten. Der Aufsprung gelang ganz leidlich, aber dann fuhr eine Bö in den Schirm und warf mich noch einmal in die weiche, feuchte Erde des frisch gedüngten Ackers, auf dem ich gelandet war. Schließlich gelang es mir, den Schirm um meine gestreckten Arme zu wickeln. Der zum Traktor gehörende Bauer kam aus dem Stadel, grüßte freundlich und schaute dann fachkundig zum Himmel, von dem es jetzt in Strömen regnete: »Jetzt werd's bald Zeit, daß ihr aufhört's«, meinte er. Ein netter Mensch, fand ich. Aber in diesen Minuten fand ich alles nett: den Fallschirm, die grau ver-

hangene Hochebene und auch mich. Verdreckt und glücklich stand ich Stunden später im Klubheim der Altenstädter Springer, und in diesem Moment, beim dritten Whisky, wollte ich weitermachen. Wenn ein Automatiksprung schon ein derartiges Erlebnis ist, wie muß dann erst der freie Fall sein? Mir fiel Rod Pack ein, der legendäre Stuntman. Er sprang ohne Schirm aus dem Flugzeug. Mit 50 Metern pro Sekunde jagte er der Erde entgegen. Doch ihm folgten zwei rettende Engel in Form zweier Springer. Der eine legte ihm einen Fallschirm an, der andere filmte die Rettungsaktion. Ein Abenteuer der Abenteurer.
Mit dem Weitermachen steigen die Ansprüche. Im gleichen Maße, in dem die Angst allmählich der Routine weicht, muß sich auch die Ausrüstung verbessern. Bei den ersten Sprüngen aus einer Höhe, die zwischen 600 und 800 Metern liegt, reichen noch Jeans, Windjakke und feste Stiefel, die ein Umknicken beim Aufsprung mit vergleichsweise geringer Landegeschwindigkeit verhindern. 15 bis 20 Sprünge mit Zwangsauslösung braucht der Anfänger normalerweise, bis er die nötige Sicherheit für den ersten Schein hat. Vor den Sprüngen steht aber zuerst eine ausführliche Bodenausbildung, und das heißt Packen, Fallschirme packen. So lange, bis das mit hundertprozentiger Präzision im Schlaf geht.
Denn vom fachgerechten Packen hängt das Leben desjenigen ab, der

● Weil sich die Wettkampfschirme so exakt wie Flugzeuge steuern lassen, gelingt es Könnern, aus einer Sprunghöhe von 3000 Metern eine bierdeckelgroße Zielmarke anzupeilen und zu berühren. Ihnen glücken Schrauben und Saltos wie vom Sprungbrett. Nur die Geschwindigkeit ist anders: 53 Meter pro Sekunde bis zu 200 Kilometern pro Stunde.

»Die nervliche Belastung ist groß. Tausend Sprünge, und du hast graue Haare. Trotz abgeklärter Gelassenheit.«

mit dem Schirm springt. Das oberste Gebot für das Packen lautet deshalb: Packe jeden Schirm so sorgfältig, als würdest du selbst damit springen! Viele routinierte Springer lassen es mit diesem Spruch nicht bewenden. Sie springen grundsätzlich nur mit Schirmen, die sie selbst gepackt haben. Wie in vielen Sportarten, so gibt es auch im Fallschirmspringen Leistungsnachweise, die erbracht werden müssen. Der erste ist der A-Schein. Das Gesetz schreibt für ihn mindestens sechs Probe- und zwei Prüfungssprünge vor. Das Mindestalter für Prüflinge ist 17 Jahre. Der A-Schein ist die Voraussetzung für den M-Schein. In der Regel kann man den bei normalem Talent nach 20 bis 30 Sprüngen aus einer Höhe zwischen 1000 und 2000 Metern machen. Das Gesetz schreibt für ihn zwei Sprünge mit einer Auslöseverzögerung von drei Sekunden vor. Voraussetzung ist die Fähigkeit, die Körperlage in der Luft stabil zu halten.
Der freie Fall ist für viele Fallschirmfans das eigentlich Interessante. Der Fallschirm wird dann zum Zubehör des letzten Moments.

Figuren bei Geschwindigkeiten von 200 Kilometern in der Stunde. Das Schauspringen ist ein extremer Sport.

Die Freifaller verlassen die Maschine in einer Höhe zwischen 2000 und 3000 Metern. Ein faszinierendes Schauspiel. Als stecknadelkopfgroße Punkte jagen sie der Erde entgegen. Wenn sie sich nicht durch die sogenannte X-Lage abbremsen, erreichen sie nach zehn Sekunden dic maximale Fallgeschwindigkeit von 53 Metern pro Sekunde. Bei einer Öffnungszeit ihrer Fallschirme zwischen 1,1 und 2 Sekunden werden ihre Körper im Flug von etwa 200 Kilometer pro Stunde auf eine Sinkgeschwindigkeit von 12 bis 13 Kilometer pro Stunde abgebremst. In früheren Zeiten – so wird erzählt – mußten die Freifaller nach einer bestimmten Anzahl von Sprüngen zum Arzt, um sich die Wirbelsäule untersuchen zu lassen. Heute kommen diese Hochleistungsfallschirme, die sich so exakt steuern lassen, daß ein Könner nach 3000 Metern »Flug« genau einen etwa bierdeckelgroßen Zielpunkt trifft, viel sanfter aus der Verpackung. Die nervliche Belastung aber bleibt. Ich kann mich an die erste Begegnung mit einem Kameraspezialisten erinnern. Ein junger Mann, der Spezialfilme über Fallschirmspringen dreht und mit einer 36-Millimeter-Kamera in X-Lage auf dem Rücken vor den anderen hersegelt und ihren freien Fall für Schulungen und Abenteuer-Filme festhält. Sein Körper war untersetzt und mit Muskeln bepackt. Sein Gesicht war jugendlich unbekümmert. Aber jedes zweite Haar auf seinem Kopf - obwohl er nicht älter war als Ende zwanzig – schlohweiß. Ein anderer, mit einigen tausend Sprüngen, hat ein altes, faltenübersätes Gesicht, das in einem merkwürdigen Konstrast zu seiner Stimme und seinen Bewegungen steht. Er ist Mitte Dreißig. Aber auch wenn rein äußerlich an den Freifallern nichts Besonderes festzustellen ist – eines haben sie alle gemeinsam: In ihren Gesichtszügen ist etwas von versteckter Härte und abgeklärter Gelassenheit zu erkennen.
»Auch wenn man tausendmal gesprungen ist«, bekennt der Ausbilder und Fotograf Hans-Helmut Herold, ein Mann, der traumhafte Fotos während des freien Falls schießt, »in den Sekunden vor dem Ausstieg denkt man immer nur daran, ob wohl alles gutgehen wird«.
Wer den freien Fall, das heißt die X-Lage und die »Flugeigenschaften« seines eigenen Körpers, richtig beherrscht, gibt sich meist nicht mehr allein dem schönen Gefühl des rasanten Sturzflugs hin. Freifaller suchen den Wettkampf. Dieser verlangt neben perfekter Körperbeherrschung eine hundertprozentige Ausrüstung. Sie besteht aus einer Kappe, einer Schutzbrille für 20 bis 30 Mark,

Höhenmesser zu rund 300 Mark und schließlich eine Springer-Kombination. Das teuerste ist der Fallschirm. Die vier Disziplinen, die zur Wahl stehen, sind Zielspringen, Figuren- oder Stilspringen, das Relativ- sowie das Kappenrelativspringen. Nur wenige Fallschirmspringer beteiligen sich bei allen vieren. Die Wettkampf-Schirme lassen sich dabei – wenn man es kann – millimetergenau steuern wie Flugzeuge. Im Grunde genommen sind die Saltos, Schrauben und Rollen, die von den Springern gezeigt werden, die gleichen, die man vom Dreimeterbrett sieht. Der Unterschied ist der, daß die Figuren von den Springern im freien Fall bei einer Geschwindigkeit von etwa 200 Kilometer pro Stunde vorgeführt werden. Wie sehr man den menschlichen Körper auch ohne mechanische Hilfe in der Luft manövrieren kann, das zeigt am besten das »Relativspringen«, ein Mannschaftssport zwischen Himmel und Erde, bei dem es auf stahlharte Nerven und eine überdurchschnittliche Bewegungsbegabung ankommt: Vier Springer müssen sich in möglichst kurzer Zeit zu einer Figur zusammenfinden. Dazu muß man einiges über die »Flugeigenschaften« und die »Flugtechnik« des menschlichen Körpers wissen. Da ist zum Beispiel die X-Lage. Mit ihr kann der Springer ein gutes Stück unter der maximalen Fallgeschwindigkeit bleiben, also eine Bremswirkung erzielen. Dabei werden die Arme und Beine so vom Körper gestreckt, daß sie ein X bilden. Mit der Erfahrung von vielen Sprüngen kann sie so kontrolliert werden, daß ein Springer mit einer Bierflasche den Maßkrug eines Kollegen füllen kann. Das Extrem zur X-Lage ist die »Pfeillage«, bei der die Arme eng an den Körper gelegt werden. Zwischen beiden Lagen liegt eine Geschwindigkeitsspanne von ungefähr 40 Kilometern pro Stunde. Das reicht den Relativspringern für ihre Manöver.

Wenn man nicht gerade Angehöriger der Bundeswehr ist oder sonst irgendwoher finanzielle Unterstützung erhält, ist eine derartige Meisterschaft natürlich eine Kostenfrage. Überhaupt gehört Fallschirmspringen zu den etwas exklusiveren Sportarten, weil es relativ teuer ist. Wer jedoch einmal gesprungen ist und den Rausch des »Fliegens« kennengelernt hat, wird darauf nicht mehr verzichten wollen – koste es, was es wolle.

● Nur einwandfreie Faltungen garantieren, daß sich der Schirm richtig öffnet. Deshalb gehört Fallschirmfalten zu den wichtigsten Übungen des Fallschirm-»Lehrlings«. Auch der kleinste Fehler kann den Springer das Leben kosten. An die Regel »Packe den Schirm, als wäre er für dich« halten sich alle. Routinierte Springer lassen gar keinen anderen an ihren Fallschirm.

»Fallschirmspringen ist wie eine Droge. Wer einmal von diesem Abenteuer nascht, wird nie genug davon bekommen.«

GOLD- UND EDELSTEINJÄGER

Eine Handvoll Glück

Nuggets – Smaragde – Opale – Diamanten. Symbole von Macht und Reichtum. Tausende folgen ihrem lockenden Ruf. In Wüsten, Dschungel und Gebirge. Kein Weg ist zu weit, keine Strapaze zu anstrengend. Doch steinreich werden nur wenige.

GOLD- UND EDELSTEINJÄGER

Von Klaus Griehl und Wolfgang Thielke

Gold. Schon immer hat den Menschen dieses glänzende Metall fasziniert. Gold, das ist heute der Inbegriff des Reichtums, des Ausgesorgthabens, der Macht. Mir gegenüber sitzt Pedro, ein schmächtiger, dunkelhäutiger Brasilianer aus Belém. Ein Hemd, eine Hose, ein Paar Schuhe. Das ist sein ganzes Vermögen. Pedro habe ich ein Bier spendiert, ein Bier für 13 Mark. Wir hocken in der einzigen Kneipe der Goldgräberstadt »Babylonia« am Rande des Amazonasdschungels. Pedro ist einer von den 20 000 Männern, die hier hausen. Die Tag für Tag in die aufgewühlte Erde des Hügels hinüberschlürfen, um dort Säcke zu füllen. Mit goldhaltiger Erde, die für sie das große Glück bedeutet. Pedro erzählt, wie es begann. Und das Abenteuer Gold begann recht spektakulär:

Da gab es den Waldbauern Genesio Ferreira, der mit seinem Sohn ein 300 000 Hektar großes tropisches Waldgebiet, 350 Kilometer südwestlich von Belém, am Rande der Serra Pelada bewirtschaftete. Diese kahlen Berge verschafften der Familie gerade den Lebensunterhalt. Es ist noch kein Jahr her, als Genesio einen Graben ausheben wollte. Beim Schaufeln stieß er auf schwarze Steine, die an den Kanten funkeln. Gold! Ferreira brachte die Steine zu einem Geologen, und der prophezeite ihm, daß noch mehr von dem gelben Metall in seinem Boden liegen müsse. Doch das große Glück blieb nicht lange geheim. Schon nach einer Woche buddelten in Ferreiras Bergen tausend Goldgräber. Harte Typen und unheimliche Gestalten, Schwarze, Weiße, Landstreicher und Glücksritter. Im Nu entstand auf Ferreiras Land eine wilde Budenstadt. In einer der wellblechgedeckten Hütten haust auch Pedro, auf vier Quadratmetern. Gerade Platz genug zum Schlafen und für das Nötigste, Schatten vor der tropischen Sonne. Schon zwei Monate besitzt er einen kleinen Claim, ist er hier zu Hause. Noch blieb er verschont von Krankheiten wie Gelbfieber, Malaria und Typhus. Und von wilden Schießereien. Während

● Die Goldgräberstadt. In nur wenigen Wochen stellten die Goldsucher eine Budenstadt mitten in den Amazonas-Dschungel. Primitive Hütten und Unterkünfte für 20 000 Glücksritter, die nach winzigen Goldflittern suchen.

● Der Goldberg. Brocken für Brocken tragen die Schatzsucher vom Hang ab. In Jutesäcken wird die kostbare Erde zum Wasser gebracht. Das trübe Rinnsal trennt dann die Erde vom Metall. Doch für den einzelnen ist die Ausbeute gering. Die täglichen 150 Kilogramm Goldstaub verteilen sich auf 20 000 Goldsucher.

Geduldig warten die Goldsucher auf die glücksbringende Wäsche – bei Temper

ıren von 42 Grad. Der Bach verkraftet ja nur ein paar Wäscher gleichzeitig.

er es erzählt, ballert draußen irgendwo einer los. Peng, peng, peng – wie auf Blech getrommelt –, antwortet ein anderer. Wieder einmal haben die Pistolen zu locker gesessen. Oder ein Goldgräber hat zu tief in die Rumflasche gesehen. Oft wird auch losgeschossen, wenn jemand Gold gefunden hat, vor lauter Lebensfreude.
Die wenigen Krümel Gold, Neid und die fürchterliche Enge sind oft der Anlaß für Brutalität, Diebstahl, Mord und Totschlag. Doch schon soll eine Polizeidienststelle gebaut werden, ja sogar ein Krankenhaus.
Am nächsten Tag begleite ich Pedro zum Claim – dreieinhalb Meter im Quadrat. Da wird jeder Krümel Erde wertvoll. In dieser braunen Erde fand Pedro in vier Wochen 72 Gramm Gold. Das sind noch nicht einmal 2000 Mark. Aber Pedro resigniert nicht. Die Ferreiras sind immerhin Millionäre – und er will es auch werden.
Doch der Reichtum der Waldbauern ist nicht das Gold, sondern ihr Monopol, die Budenstadt mit wichtigen Lebensmitteln und Handwerkszeugen zu versorgen.
Ich helfe dem Brasilianer, Erde in einen Sack zu schaufeln. Und noch einen. Dann reihen wir uns in die lange Schlange, die vor dem einzigen Rinnsal auf Wasser wartet. Immer schön der Reihe nach, auch wenn's heiß wird. So stehen wir in der sengenden Sonne, schweigend und kaugummikauend. Unsere Füße versinken im aufgeweichten Boden. Denn fast jeden Tag regnet es. Nach Stunden kommen wir an den Bach. Ein primitives Gerüst, über das das Wasser die Erde fortspült. Das schwere Gold bleibt liegen. Wir sind von der brutalen

Steinreich mit einem Griff. Ein Sechs-Komma-Sieben-Kilo-Nugget für 250 000 Mark. Der Traum aller Goldwäscher.

Sonne apathisch, merken nur noch gleichgültig, daß ein paar winzig kleine Flitter in der Erde versteckt waren. »Morgen«, sagt Pedro, »morgen mache ich vielleicht den großen Fund.« Er erzählt mir mit glühenden Augen von dem 6,7-Kilo-Nugget, den ein Glücksritter vor wenigen Monaten gefunden hat. 250 000 Mark soll das Ding auf der Bank gebracht haben. Für Pedro ein unvorstellbarer Reichtum.
Dieses Hoffen auf Morgen hält in Babylonia die Stimmung oben. Funde gibt es ja auch genug. 150 Kilo Gold werden täglich aus dem Berg geholt. Im August sollen es sogar 1300 Kilo gewesen sein.
Diese Nacht schlafe ich in Pedros Hütte. Eine Petroleumlampe wirft flackernd spärliches Licht auf die wenigen Gegenstände. Ein Bett, eher ein Matratzenlager, ein paar Pin-up-Fotos, eine Kochstelle, ein Stuhl und so etwas Ähnliches wie ein Tisch. Eine winzige Luke unter dem Wellblechdach ist Fenster und Lüftung zugleich. Zutraulich geworden redet Pedro heute von allein. Doch in seinen Worten gibt es nur das Gold und Mädchen. Von ihnen träumt er nachts, wenn die Moskitos über ihn herfallen. Pedro hat keine Frau, keine Familie, keine Freunde. Ein einsamer Abenteurer, der sich ab und zu eines jener Mädchen leistet, die er mit vielen anderen Goldgräbern teilen muß. Auf meine Frage, ob er glücklich und zufrieden ist, nickt er heftig. Anders könne er kaum leben. Es sei denn mit viel Geld. Ein normales Leben wolle er dann aber auch nicht führen. Ich wünsche ihm Glück. Für mich ist das nichts. Vielleicht habe ich in Australien bessere Chancen – dort gibt's Opale – funkelnde Edelsteine.
Larry grölt die Hits der »Top Twenty«. »Im Flugpreis mit inbegriffen«, hat er mir zu Anfang unserer Reise augenzwinkernd großzügig verraten. Ich weiß nicht, was ich mehr bewundern soll. Seine Stimme, die den Motorenlärm der kleinen Einmotorigen übertönt, oder die Tatsache, daß das winzige Lufttaxi noch immer unbeeindruckt seinen Kurs hält. Denn das glühendheiße Land unter uns hat seine Menschenfeindlichkeit regel-

● Der Goldschock. Temperaturen, fieberhafte Suche und Steinschlag fordern täglich Opfer. Bis zu 40 Meter tief buddeln sich die Goldschürfer in den Berg. Wenn ein Schacht einbricht, gibt es Verletzte.

mäßig zu uns heraufsignalisiert. Wir werden von der Termik gebeutelt, das Maschinchen schüttelt sich, sackt durch wie ein Fahrstuhl, und macht Sätze wie ein Zicklein, das bei der ersten Frühlingssonne den Stallmief aus den Knochen schleudern will. Das erste Mal in meinem Leben verspüre ich so etwas wie Klaustrophobie. Platzangst. Fluchtgedanken. Ich will hier raus. Ich will festen Boden unter den Füßen. Selbst wenn es nur die vertrocknete Öde des australischen Busches ist. Larry, australischer Staatsbürger in zweiter Generation, tröstet mich. »Wir sind gleich da. Noch 100 Meilen, und du bist bei den Irren von Coober Pedy. Keine Stadt für mich«, meint er. »Alles Aussteiger, Glücksritter, Maulwurfmenschen, die sich in die Erde fressen, um bunte Steinchen zu suchen.« Er lacht, hat anscheinend seine »Top Twenty« vergessen. »Gutes Geschäft für mich. Ich fliege regelmäßig die Opalkäufer ein. Vor allem Japaner und Chinesen. Die sind ganz wild auf den Stein.«
Der Stein, nichts weiter als eine unter Druck entstandene Verbindung aus Sandstein und Kieselsäure, wurde hier im Herzen Australiens vor etwas mehr als 60 Jahren entdeckt. Ein Engländer hatte sich im Lande der Aborigines verirrt. Er suchte Wasser und fand den Opal. Den Edelstein, von dem die Welt spricht. Kein Opal gleicht dem anderen. Die Zeichnungen, die leuchtenden Farben, sind immer unterschiedlich. Der Opal ist Individualist für Individualisten. Die Kunde von dem Fund lockte Menschen aller Rassen, aller Bevölkerungsschichten in den Busch. Eine Stadt entstand.
Eine Stadt? Im Blickfeld des Cockpit-Fensters tauchen Hütten und sogar aus der Luft abenteuerlich wirkende Bauwerke auf. Coober Pedy. Wir sind da, drehen eine Runde über das zernarbte Umland des Ortes. So weit das Auge reicht, liegen die Schachteingänge zu den Claims. Zu überdimensionalen Maulwurfshügeln ist das ausgehobene Erdreich angewachsen. Über tausend Menschen unterminieren heute bereits den Boden, machen aus dem Untergrund ein Labyrinth.
Die Maschine setzt holpernd auf der Piste auf. In Europa würden die Sportflieger so etwas als Notlandung bezeichnen. Doch für Larry ist es Routine. Er verzieht keine Miene und er gibt mir noch im Ausrollen letzte Instruktionen für unseren Besuch bei Mike. Mike ist seit vielen Jahren sein Freund. Er heißt richtig Michael und kommt aus Gelsenkirchen. Seit zehn Jahren lebt er hier. Er war eigentlich auf der Durchreise, hatte einen guten Job bei einer Bank, aber wie so viele vor ihm erwischte ihn das Opal-Fieber.

Die Edelsteinsucher hausen unter der Erde. Dort ist es kühler. Ein Maulwurfsdasein für einen schimmernden Opal.

Mike steht bereits am Rollfeld und läßt mir kaum Zeit, mich von dem Hitzeschock zu erholen, der mich wie ein Faustschlag trifft, als ich das Flugzeug verlasse. Während ich noch damit beschäftigt bin, meine zitternden Knie wieder unter Kontrolle zu bekommen und die auf 50° Celsius aufgeheizte Luft durch die Lungen zu pumpen, bombardiert er mich mit Fragen über Schalke 04. Es ist seine Mannschaft. Auch heute noch. Es ist scheinbar das einzige, was ihn noch an seiner Heimat interessiert. Meine Antwort ist für ihn niederschmetternd, und ich muß ihn trösten: »Vielleicht kommt Klaus Fischer wieder, dann geht es wieder bergauf.«
Mike verstaut uns in seinen alten klapprigen Ford. Wir müssen die Stadt durchqueren, um zu seiner Behausung zu kommen. Die Straßen sind fast menschenleer. Die Hitze hat die weißen Bewoh-

»Der Opal ist der Individualist unter den Individualisten. Der Edelstein, von dem die Welt spricht. Den sie begehrt.«

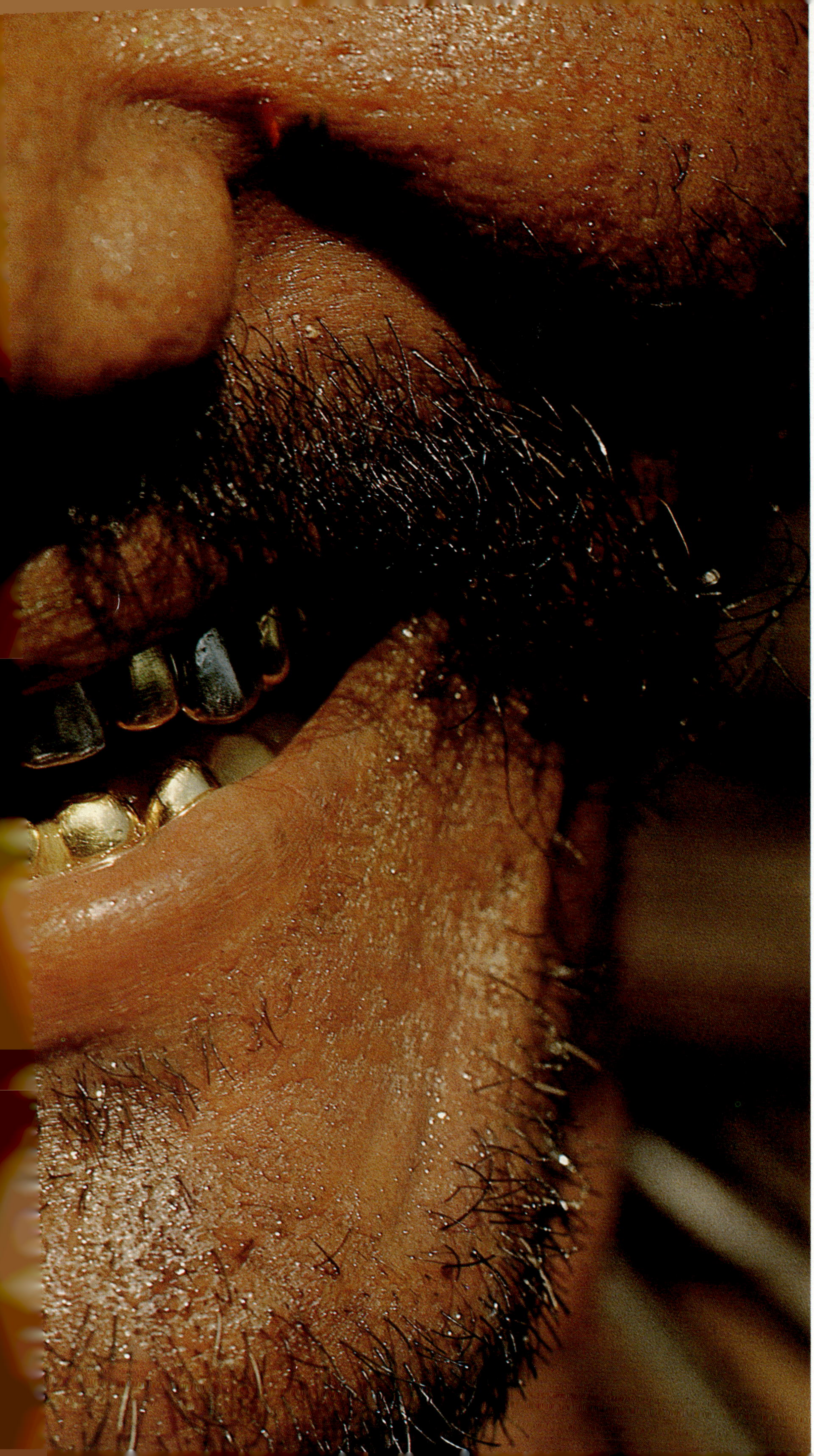

● **Das lachende Gold.** Vermögen, das diesem ehemaligen Landarbeiter niemand rauben kann. Das begehrte Metall ist in der Budenstadt vor Dieben nicht sicher. Noch vor einem Jahr war er bettelarm. Jetzt hat er sein Glück gemacht.

ner vertrieben. Nur die Ureinwohner, die Aborigines, hocken und liegen im Staub. Menschliche Wohlstandsruinen, betäubt vom Alkohol, den ihnen die Zivilisation brachte. Eine Rasse auf dem Weg in den schnellen Untergang.
Am Stadtrand beginnt das Opal-Feld. Abenteuerlich anmutende Maschinenkonstruktionen stehen fast an jedem Bohrloch. »Fast alles Eigenkonstruktionen«, erklärt Mike, »man wird erfinderisch; selbst Leute, die glaubten, sie hätten zwei linke Hände, werden plötzlich zu Bastlern, wenn es gilt, sich die Arbeit zu erleichtern.« Er deutet auf eine ausgebrannte Maschine. »Auch das ist heute Coober Pedy«, meint er, »das Ding explodierte vorige Woche.« Irgend jemand hat seinem Neid und seiner Mißgunst mit Dynamit Luft gemacht und die unbewachte Maschine gesprengt. »Es sind inzwischen zu viele hier«, sinniert er, »Mörder und Diebe sind darunter; es ist gefährlich, unbewaffnet zu sein.«
Mike's Wohnung ist ein »Dugout«, ein unterirdischer Stollen, der erste, den er hier gegraben hat. Er hat ihn wohnlich hergerichtet – Nischen, in denen Pin-ups kleben, in den Stein gehauene Schränke, Regale und Treppen. Er ist stolz auf sein Heim. Fast alle wohnen hier unterirdisch, denn es ist angenehm kühl, ca. 20^0. Mein Gastgeber hat zur Feier des Tages Bier organisiert. Er horcht mich nun stundenlang über seine Heimat aus und bekennt später: »Es ist genug; kein Wort mehr über Deutschland. Ich bleibe hier. Hier bin ich mein eigener Chef. Ich arbeite, wann ich will und dann nur für mich. Vielleicht mach' ich mal den großen Fund. Dann komm' ich Deutschland besuchen. Zwei Wochen oder drei, das genügt sicher, um Heimweh nach Coober Pedy zu bekommen.«
Am nächsten Morgen schleust mich Mike in sein Claim. Es ist das vierte, das er seit seiner Ankunft in die Erde getrieben hat. Mit einer Seilwinde geht es fast komfortabel 30 Meter abwärts. Der eigentliche Stollen verläuft querab zum Schacht. Mike hat ihn erst sechs Meter weit getrieben. »Auf sechs Metern für 20 000 Dollar Opale«, verrät er lachend. »Ich glaube, jetzt habe ich endlich eine Opalader gefunden.« Er arbeitet heute noch wie am ersten Tag mit Spitzhacke und Schaufel. Seine Stimme wird verächtlich, wenn er von anderen berichtet, die mit Dynamit oder Schaufelbaggern in wenigen Stunden mehrere Kubikmeter Erde umwälzen. »Du mußt den Opal erahnen, ertasten«, meint er und füllt einen Eimer mit roter Erde. Es werden noch viele Eimer an diesem Tag. Aber wir finden nichts. Nicht den kleinsten Opalsplitter. Vielleicht mein Glück. Vielleicht kann ich nur deshalb wieder leichten Herzens in Larry's Lufthopser einsteigen, ohne vom Opal-Fieber gepackt zu sein.
Für die meisten geht das Abenteuer Gold- und Edelsteinsuche so aus. Außer ein paar Hoffnungen, Träumen, Monaten bangen Wartens in Schmutz und Gefahr bleibt ihnen nichts. Es sei denn, sie machen den großen Fund. Wie Eddy, Eduard, ein Schweißer aus Berlin. Er zog aus nach Kolumbien – auf einen mehr als vagen Tip. Und Eddy fand Smaragde. Mehr als eine Handvoll. Das ist sein Abenteuer: »Haut ab, Gringos!« Der Text am abbröckelnden Putz des Hauses ist kein Willkommensgruß. Die Zeiten, in denen Kinder am Straßenrand standen und winkten, sind vorbei. Heute stehen die gleichen Kinder an der Fahrbahn und halten eine bettelnde Hand ins Wageninnere – die andere zieht inzwischen alles Greifbare aus dem Fenster. Alberto aus Bogota hatte ihn gewarnt: »Halt bloß nicht an. Es sind Tausende. Sie haben Hunger, sind arm und verzweifelt und hassen die Amerikaner.« Eddy weiß, daß er mit dem Risiko spielt: von Wegelagerern ausgenommen oder von der Polizei erwischt zu werden. Denn das Schürfen von Smaragden ist verboten. In Kolumbien hat nur der Staat das Schürfmonopol. Trotzdem wird überall gegraben und gesucht. Denn der Reiz des schnellen Geldes mit den kostbaren Kristallen ist nicht nur für die armen Indios groß. Außerdem liegt die nächste Polizeistation weit weg, und wo Eddy hin will, war bestimmt noch nie eine Patrouille. Sein Ziel ist ein alter Stollen, der wohl noch aus der Zeit der spanischen Eroberer stammt. Ein Tip von Alberto. Früher soll dort Silber gegraben worden sein. Alberto hat ihm auch den Führer zur Mine besorgt. Me-

● Opalstadt. Coober Pedy, in der australischen Wüste, besteht aus unterirdischen Wohnungen und Stollen. Die Maulwurfshügel kündigen aktive Opalsuche unter der Erde an. Dort sind die Sucher und die empfindlichen Steine vor der sengenden Sonne geschützt. In Mike's Wohnung herrscht eine Temperatur von 20 Grad. So kann er leben.

chita, 36 Jahre alt und runzlig wie ein Greis. Er soll zuverlässig sein und das Hochland gut kennen. Der Indio hockt jedoch meist Cocablätter kauend im Wagen und reagiert kaum. Abends braut er sich einen abscheulich schmeckenden Tee – aus hochgiftigen Kroton-Blättern. Mechita ist die Woche im Auto fast ständig im Rausch.
Irgendwo endet die Straße, und der Fußmarsch beginnt, Albertos selbstgemalte Karte erweist sich als vorzüglich genau. Nach zwei Tagen Kletterei erreichen sie den Stollen. Hier war seit ewigen Zeiten kein Mensch. Die Nächte sind kalt und fallen mit den letzten Sonnenstrahlen wie Eishauch herein.
Der Einstieg zum Stollen ist unglaublich schmal. Doch Eddy kann sich gerade noch durchzwängen. Der Gang wird weiter. Schon kann er gebückt gehen. Er steht in einer Höhle. Im Strahl der Taschenlampe blitzt es an den Wänden auf. Es ist nur Wasser, das den Felsen glänzen läßt. Der Sucher tastet sich weiter, stößt auf einen Seitengang und folgt seinen Windungen. Aber nichts zu sehen. Auch am dritten Tag gräbt er sich in den Nebenstollen ein. Ein Teil des Ganges ist eingebrochen, und an dem Loch in der Decke leuchtet es auf. Diesmal ist es kein Wasser. Eine winzige Stelle reflektiert den Lichtstrahl. Ein Smaragdkristall. Vorsichtig fängt er an, das Gestein abzuklopfen. Die Smaragdstufe ist nicht riesig, aber wohlgeformt und wird auf dem Markt 20 000 Dollar bringen. Zitternd vor Freude tritt Eddy den Rückweg an. Doch beim Einstiegsloch bleibt ihm die Luft weg. Sechs finstere Gestalten stehen über ihm, bewaffnet mit Macheten und einem Karabiner, geschmückt mit Eddy's Kamera und Waffen. Eddy stammelt, daß er Deutscher sei, kein Amerikaner. Das stimmt die Gesellen wahrlich milde. Eddy erzählt ihnen ein »Inka-Märchen«, phantasiert von einer Forschungsarbeit. Das langweilt die Räuber. Sie lassen Mechita los und verschwinden wie ein Spuk hinter der nächsten Felsnase. Eddy spürt die kalten Steine in der Tasche. Jetzt brennen sie wie Kohlen in seiner Faust.

»Hoffnungen und Träume heizen die Suche nach Gold und Edelsteinen an. Doch außer Gefahr und Schmutz bleibt meist nichts.«

Die Opalhöhle. Schatzsucher arbeiten ständig in stickigen engen Stollen. D

rbeit mit Hacke und Schaufel ist voller Entbehrungen, und überall droht Gefahr.

BERGSTEIGEN

Gipfel bezwingen, das ist wie neu geboren werden. Ein einziger schaffte den höchsten Berg der Welt sogar im Alleingang: Reinhold Messner. Mit sieben Besteigungen von Achttausendern hält der Südtiroler Schriftsteller den Rekord der abenteuerlichsten Bergexpeditionen.

Everest

Von Reinhold Messner

BERGSTEIGEN

Plötzlich gibt der Schnee unter mir nach. Meine Stirnlampe erlischt. Ich falle in die Tiefe – zeitlupenartig, so erlebe ich es –, einmal mit dem Rücken, einmal mit der Brust an den Eiswänden anschlagend. Mein Zeitgefühl ist weg. Stürze ich nur Sekundenbruchteile, oder sind es schon Minuten? Plötzlich habe ich wieder Halt unter den Füßen. Ich weiß jetzt: Ich bin gefangen. Vielleicht für immer.

Ich hätte doch ein Funkgerät mitnehmen sollen. Dann könnte ich jetzt Nena rufen, die ich 500 Meter weiter unten im vorgeschobenen Basislager auf 6500 über Metern Meereshöhe um fünf Uhr morgens verlassen habe. Nena ist eine erfahrene Bergsteigerin. Sie könnte jetzt vielleicht bis hierher aufsteigen, mir ein Seil herunterlassen, mich aus diesem eisigen Gefängnis befreien. Aber ein Funkgerät wiegt soviel wie drei Gaskartuschen, und Brennstoff für meinen Kocher erschien mir wichtiger als die Möglichkeit, nach Hilfe zu rufen. Ich fingere an meiner Stirnlampe herum, und plötzlich ist es hell. Ich lege den Kopf in den Nacken und sehe etwa acht Meter über mir ein baumstammdickes Loch, darüber ein paar Sterne. Die Eiswände, etwa zwei Meter weit auseinanderklaffend, schillern blaugrün und laufen nach oben hin zusammen. Da komme ich nicht mehr heraus. Mit meiner Stirnlampe versuche ich, den Grund der Spalte auszuleuchten, aber da ist kein Ende. Die Schneebrücke, die meinen Sturz gestoppt hat, ist nur etwa einen Quadratmeter groß. Glück, denke ich und spüre, wie ich am ganzen Körper zittere. Das ist die Angst. Ich überlege, ob ich auf der morschen Schneeunterlage meine Steigeisen anziehen könnte. Aber bei jeder Bewegung überkommt mich die Furcht, weiter zu fallen. Da entdecke ich eine Rampe, die schräg nach oben leitet. Das ist der Ausweg. In wenigen Minuten bin ich wieder an der Oberfläche – aber immer noch auf der Talseite.

Wie in Trance gehe ich zum Loch zurück, durch das ich zehn Minuten vorher verschwunden war. Das erste Dämmerlicht erhellt schon den Nordsattel des Everest. Ich schaue auf meine Uhr: Es ist kurz vor sieben. Der Sturz in die Gletscherspalte hat mich hellwach gemacht. Ich weiß, es gibt nur diese eine Stelle, wo ich die Spalte, die die 300 Meter hohe Eiswand unterhalb des Nordsattels quer durchreißt, überschreiten kann. Vor vier Wochen, bei meinem ersten Erkundungsmarsch zum 7000 Meter hohen Nordsattel, hatte ich diese knapp zwei Meter breite Schneebrücke entdeckt. Damals hatte sie mich getragen. Sie muß auch jetzt kurze Zeit halten, denn ich habe bei meinem Alleingang keine Aluminiumleitern und Seile dabei, mit deren Hilfe sich vielköpfige Expeditionen über derartige Hindernisse helfen. Zwei Skistöcke und der Eispickel aus Leichtmetall sind meine einzigen Hilfsmittel. Ich bin vorsichtig. Jenseits der Spalte steht eine steile Schneewand. Ich beuge mich vornüber und schlage die Skistöcke – Handknauf voraus – bis zu den Tellern hoch in die Wand. Dann schwinge ich mit einem Kraftakt auf die andere Seite.

Es wird Tag. Weit im Osten steht das mächtige Massiv des Kangchenjunga über einem graubläulichen Nebelmeer. Es war richtig, daß ich den Versuch im Juli abgebrochen habe. Der Schnee, aufgeweicht durch den warmen Monsun, war damals grundlos tief und die Lawinengefahr groß. Ich wußte, mehr als zehn Bergsteiger hatten in den Hängen zum Nordsattel ihr Leben verloren. Jetzt, am 18. August ist der Schnee fest gefroren und gut zu begehen.

Über dem Gipfel des Mount Everest liegt eine leichte Morgenröte, und er steht so klar gegen den tiefblauen Himmel, daß ich jeden freistehenden Felsturm am Nordostgrat klar erkennen kann. Dort sind George Mallory und Andrew Irwine 1924 bei ihrem kühnen Gipfelvorstoß zum letztenmal gesehen worden. Bis heute weiß niemand, ob die beiden bereits beim Aufstieg oder erst während des Abstiegs umgekommen sind. Soll-

● Die Spalte. Auf dem Marsch zum Gipfel passiert das Unerwartete: Reinhold Messner fällt in eine acht Meter tiefe Gletscherspalte. Doch er kann sich allein befreien. Seine Spur ist ein Dokument seiner Willenskraft. Ein Beweis seiner Leistungsfähigkeit.

● Das Basislager. 1924 lagerten hier schon die Engländer George Mallory und Andrew Irwine. Auch Reinhold Messner schlägt an dieser Stelle seine Zelte auf. Die chinesischen Begleiter bleiben hier zurück, eine gute Gehstunde vom Rongbuk-Kloster entfernt. Zwei Monate warten sie nun auf Reinhold Messner und seine Begleiterin. Der Gipfel des Mount Everest ist noch zwanzig Kilometer entfernt.

Eisbruch. Reinhold Messner hält das Labyrinth aus Spalten und Eistürmen an de

Südseite für zu gefährlich für einen Alleingang. So wählt er die Nordseite.

ten sie den Gipfel damals geschafft haben, so gebührt diesen beiden Briten der Ruhm der Erstbesteigung des höchsten Berges der Welt, den die Tibeter Tschomolungma nennen, »Göttin der Mutter Erde«.
Die Engländer hatten sich als erste die Eroberung des Mount Everest in den Kopf gesetzt. Nach einer großangelegten Erkundung 1921 folgte ein Jahr später der erste Angriff über die Route, an der jetzt auch ich klettere. Mit einer für heutige Begriffe kärglichen Ausrüstung, mit der ich nicht mal mehr aufs Matterhorn steigen würde, überschritten Mallory und seine Freunde Norton und Somervell erstmals in der Geschichte des Bergsteigens die 8000-Meter-Grenze. Und der Feuergeist George Mallory erkannte schon damals, daß der Mount Everest nach gründlicher Vorbereitung und einer sechswöchigen Akklimatisationsspanne vom Basislager beim Rongbuk-Kloster (5100 Meter) in sechs Tagen zu stürmen sein müsse. Zwei Jahre später war Mallory tot. Die Versuche an der tibetischen Nordseite des Mount Everest gingen weiter. Aber erst 1953 – Tibet und damit die Nordseite des Mount Everest war inzwischen von den Chinesen für Ausländer gesperrt worden – bestiegen Edmund Hillary und der Sherpa Tensing Norgay den Berg über die nepalesische Südseite.
In diesem Frühjahr öffneten die Chinesen die Grenzen. Die ersten Ausländer, die kamen, waren die Japaner. Mit einer Großexpedition schafften sie als erste nach den Chinesen den Gipfel über die Nord-Route.
Seit ich über Lhasa und Shigatse das Basislager erreicht habe, sind sieben Wochen vergangen. In dieser Zeit habe ich auch manche Eindrücke von Tibet gewonnen, von diesem Land mit seiner schier endlosen Weite. Allein die Pastellfarben der Hügelketten haben mich gefangengenommen. Es ist das Land, von dem ich bisher nur

● Die Ausrüstung. Zwei der halbwilden Yaks tragen Messners Habseligkeiten. In Nepal schleppen auch Sherpa-Frauen die Lasten. Leitern zum Überbrücken von Gletscherspalten benutzte Messner bei seinem Alleingang nicht.

geträumt habe. Gleichzeitig war ich oft niedergeschlagen: Vor den weiß gekalkten Lehmhäusern mit den schwarzen Fensterlöchern wehen keine tibetischen Gebetsfahnen mehr, da hängen nur rote Tücher. Das Kloster Rongbuk, früher von 400 Mönchen bewohnt, ist leer. Geplündert. Tausende von Wandmalereien bröckeln von den morschen Wänden, seit die Dächer der Tempel eingestürzt sind. Und ich habe in den Bergdörfern arme, stumpfe Gesichter gesehen. Hier lachen die Leute nicht wie in den

Das Kloster ist geplündert, der Tempel eingestürzt. Ein Volk hat seinen Gott verloren. Auch die Berge sind nicht mehr heilig.

Bergen Nepals. Und wo ist die so reiche tibetische Kultur? Der Potala in Lhasa, der ehemalige Sitz des Dalai-Lama, steht noch, aber in ihm ist kein Leben mehr. Die wenigen Mönche sind Statisten. Ein Volk hat seinen Gott verloren.
Der Höhenmesser zeigt 7360 Meter. Es ist etwa neun Uhr. Die Strecke bis zum Nordsattel habe ich in zwei Stunden geschafft und mir so ein Biwak sparen können. Ich steige jetzt langsamer. Ab und zu ist der Schnee knöcheltief, und Schneeverwehungen kosten Kraft. Ich darf mich nicht verausgaben. Morgen und übermorgen wird es viel anstrengender sein. Die zwei ausziehbaren Skistöcke sind eine große Hilfe. Auf diese Weise kann ich mein Gewicht auf Beine und Arme verteilen.
Die Nordflanke rechts von mir ist eine riesige Schneefläche mit dunklen Felsinseln. Deutlich sind Lawinenstriche zu erkennen. Ich bleibe vorerst auf dem stumpfen Nordgrat. Das ist die sicherste Route. Keine Spur von meinen Vorgängern. Alles ist unter einem dicken Schneemantel begraben. Nur einmal, auf 7500 Metern etwa, sehe ich ein rotes Seil im Schnee. Es ist an einer Felsinsel verankert. Das muß von den Japanern sein, denke ich. Im üblichen Expeditionsstil hatten sie im Mai in Teamarbeit eine Kette von Hochlagern eingerichtet und an steilen Passagen fixe Seile verankert, an denen sie ins Basislager abstiegen, wenn das Wetter schlecht wurde, und an denen sie sich hochhangelten, um die Aufstiegsroute weiter zu präparieren. Stufe um Stufe.
Mit dieser Taktik habe ich 1978 den Mount Everest über die Südroute bestiegen. Wir waren damals elf Bergsteiger, hatten zwei Dutzend Sherpas als Hochträger und wechselten uns beim Aufbau der Lager ab. Erst die letzten 800 Höhenmeter bin ich dann mit Peter Habeler ohne Unterstützung und auch ohne Sauerstoffgeräte weitergestiegen – bis zum Gipfel. Diesmal habe ich niemand, der mir tragen hilft, der mir die Biwaks vorbereitet. Keinen Kameraden, der mir im tiefen Schnee spuren hilft, und keine Sherpas, die meine Ausrüstung schleppen.
Wie eine Schnecke, die ihr Haus auf dem Rücken mitschleppt, trage ich mein Zelt im Rucksack. Ich werde es aufbauen, darin schlafen und es wieder mitnehmen für die nächste Nacht. Ein zweites Zelt wäre zu schwer, gar nicht erst zu reden von den Sauerstoffgeräten, die meine Last verdoppeln würden. Meine 15 Kilo drücken in dieser Höhe schon so schwer, daß ich nach einem Dutzend Schritten stehenbleibe, nach Atem ringe und alles rings um mich vergesse. Die Strecken zwischen den Rastpausen werden immer kürzer. Oft, sehr oft setze ich mich jetzt hin, um zu verschnaufen.
Es kostet mich große Willensanstrengung aufzustehen. Aber es ist mir, als sei da hinter mir jemand,

● Die Tibeter. Messner trifft auf seinen Akklimatisationsmärschen viele Einheimische. Nomaden ziehen mit Yak- und Schafherden wie vor tausend Jahren durch die Bergwildnis. Sie sind auf 4000 Meter Höhe weitgehend unbeeinflußt von der Politik Chinas geblieben.

Neugier. Seit 30 Jahren haben diese Tibeter keinen Europäer mehr gesehen. Fü

lessners Vorhaben, für seine Expedition, zeigen sie überhaupt kein Verständnis.

der mich ermuntert. Schritt für Schritt quäle ich mich bis auf 7800 Meter.
Der erste Lagerplatz, auf dem ich den Schnee festtrete, gefällt mir nicht. Ich muß an einem Felsen lagern, um das Zelt gut zu verankern. Wenige Meter unter mir sehe ich eine ideale Stelle, aber mir fehlt die Kraft, meinen Rucksack auszupacken und das Zelt aufzustellen. Ich sitze da und schaue hinunter zum vorgeschobenen Basislager, wo ich um fünf Uhr früh aufgebrochen bin. Jetzt ist es schon nach drei Uhr nachmittag. Unten erkenne ich einen winzigen roten Fleck. Nena hat wohl den Schlafsack auf das Zeltdach gelegt, um sich vor der Hitze zu schützen. Die Hitze war bisher schlimmer als die Kälte. Nachts sinkt das Thermometer unten nur auf zehn Grad minus und hier oben auf kaum 20 Grad. Die Sonne dörrt mich aus. Die sauerstoffarme Höhenluft reibt den Rachen förmlich auf. Ich erinnere mich, daß ich ein winziges Fläschchen mit japanischem Heilpflanzenöl bei mir habe, und nehme zwei Tropfen auf die Zunge. Das spendet mir für eine Weile Erleichterung und öffnet die Atemwege. Neben Aspirin ist dieses Pflanzenmittel das einzige Medikament, das ich nehme.
Nena muß mich mit ihrem Fernglas sehen können. Ich hoffe, sie ist beruhigt. Vor dem Start hatte ich ihr erklärt, daß es keine Probleme geben dürfte, wenn ich am ersten Tag mehr als 1200 Höhenmeter schaffe. Beim Alleingang auf den Nanga Parbat vor zwei Jahren, der mir den psychischen Rückhalt gab für diese Solo-Tour auf den Everest, hatte ich am ersten Tag zwar 1600 Höhenmeter klettern können. Aber damals bin ich bei 4800 Metern gestartet, und es ist ein himmelweiter Unterschied, ob man in 6000 oder 7000 Metern Meereshöhe klettert. Hier wird jeder Handgriff zur Überwindung.

Zusammengekauert liege ich im im Zelt. Der Wind wirft Eiskristalle an die Zeltwand. Nordwestwind. Ein gutes Zeichen.

Mein winziges Zelt, keine zwei Kilogramm schwer und doch so gebaut, daß es Stürmen bis zu 100 Kilometer Windgeschwindigkeit standhalten könnte, braucht nicht viel Platz. Es ist gerade so groß, daß ich mit angewinkelten Knien darin liegen kann. Ich habe Mühe, es aufzuspannen, weil immer wieder eine Windböe hineinfährt und es hochhebt. Erst als ich die Zeltwand auf die gebogenen Leichtmetallrohre spanne, habe ich ein gutes Gefühl. Mit Skistöcken, Eispikkel und dem einzigen Felshaken, den ich dabei habe, fixiere ich das Biwak-Zelt. Ich lege dann eine fingerdicke Schaumgummimatte auf den Boden und krieche hinein. Eine Zeitlang liege ich nur da und höre dem Wind zu, der die Eiskristalle auf die Zeltwand wirft. Er kommt aus Nordwesten. Und das ist ein gutes Zeichen.
Ich sollte kochen, aber von den vielen kleinen Vorbereitungen für das Nachtlager noch müder als vorher, kann ich mich nicht dazu aufraffen, obwohl ich seit heute morgen nichts mehr gegessen habe.
Mit Bewunderung denke ich an Maurice Wilson, einen religiösen Fanatiker, der bereits 1934 einen Alleingang auf den Everest gewagt hat, obwohl er gar kein Bergsteiger war. Er war felsenfest davon überzeugt, daß Gott ihn auf den Everest führen würde, und gab auch nach schlimmsten Schneestürmen und mehreren Abstürzen nicht auf. Beim ersten Anlauf zum

● Die Kultur. Erst im Jahr 1980 hat China das Hochland auf dem Dach der Welt für westliche Besucher geöffnet. Doch den Fremden zeigt sich ein verändertes Land: Klöster sind geplündert, Tempel verfallen. Der Potala in Lhasa ist ohne Leben.

»Ich gehöre nicht mehr zu der Welt da unten. Die Berge unter mir haben sich verflacht. Noch 628 Meter bis zum Gipfel.«

Lagerstimmung. Vor den Gipfeln nehmen sich die Zelte Reinhold Messners wie winzige bunte Flecken aus. Ob von Süden oder Norden,

bis hinauf in die Gipfelregion liegen noch fast 4000 Höhenmeter. 1978 halfen Träger bis 8000 Meter. 1980 beim Alleingang – niemand.

Nordsattel hatte er die Strecke vom vorgeschobenen Basislager bis auf den Paß in 7000 Meter Meereshöhe in vier Tagen nicht zurücklegen können, und völlig am Ende seiner Kräfte ist er zurückgekrochen in sein letztes Lager, wo zwei Träger auf ihn warteten. Sie wußten, daß es Wilson nicht schaffen kann, und sie versuchten, ihn zu überreden aufzugeben. Als er sich wieder auf den Beinen halten konnte, stieg der Besessene weiter aufwärts. Ein Jahr später hat man am Fuße des Nordsattels seine Leiche gefunden.

● Warten. Das Wetter bestimmt den Zeitpunkt des Gipfelangriffs. Das Leben auf zwei mal zwei Metern ist erholsam. Meditieren und Lesen sind Messners Beschäftigung. Zwölf Stunden dauern die Nächte. Gruppenbild mit Nena, Offizier und Dolmetscher.

Die letzten Zeilen seines Tagebuches lauteten: »Herrlicher Tag, auf geht's.«
Bin ich genauso verrückt wie Wilson, besessen von einer Idee, die nicht einmal viele Bergsteiger verstehen? Ich habe den Everest ja schon einmal bestiegen. Diesmal bin ich auf einem anderen Berg, auch wenn er denselben Gipfel hat.
»Fai la cucina«, sagt jemand neben mir, »kümmere dich um die Küche«, und ich denke wieder ans Kochen. Ich rede halblaut vor mich hin, und das starke Gefühl, seit einigen Stunden mit einem unsichtbaren Begleiter zu sein, läßt mich hoffen, daß der andere kocht. Ich frage mich auch, wie wir wohl Platz haben werden beim Schlafen in diesem winzigen Zelt, und will das erste Stück Trockenfleisch, das ich aus dem Rucksack hole, in zwei gleiche Stücke teilen. Ich rede nur italienisch, obwohl für mich als Südtiroler Deutsch die Muttersprache ist und ich mit meiner kanadischen Freundin Nena seit drei Monaten nur englisch spreche.
Der Wind ist so stark geworden, daß das Zelt flattert, und immer wenn ich den Eingang zwei Handbreit öffne, um mit dem Deckel meines Kochtopfes Schnee hereinzuschaufeln, bläst er die Flamme meines Gasbrenners aus. Das wird eine schlimme Nacht, denke ich.

Das Kochen dauert Stunden, wird zur körperlichen Qual. Ich kaue Trockenfleisch, Parmesankäse und Tiroler Bauernbrot.

Es braucht eine Menge Schnee, bis man einen Liter Wasser geschmolzen hat. Zuerst mache ich mir eine Tomatensuppe, dann zwei Töpfe mit tibetischem Salztee. Von Nomaden habe ich gelernt, ihn zuzubereiten. Eine Handfläche voll Kräuter für einen Liter Wasser, dazu zwei Prisen Salz. Ich muß viel trinken, vier Liter am Tag, wenn ich nicht austrocknen will. Mein Blut würde zu dick werden, wenn ich nicht genug Flüssigkeit zu mir nehmen würde.
Das Kochen dauert einige Stunden. Ich liege nur da, halte den Kochtopf und schiebe ein Stück Trockenfleisch oder Parmesankäse in meinen Mund. Dazu kaue ich hartes Südtiroler Bauernbrot. All die kleinen Handgriffe summieren sich zu einer körperlichen Qual. Ich liege da, mit meinen Kleidern im Schlafsack und döse vor mich hin. Wenn ich die Augen aufschlage, weiß ich nicht, ob es Abend oder Morgen ist, und auf die Uhr sehen will ich nicht. Ganz drinnen in mir sitzt die Angst. Aber es ist nicht der Schreck, der mich packt, es sind all die Erfahrungen meines Bergsteigerlebens, die Anstrengung von 30 Jahren Kletterei. Lawinen, die ich erlebte, Erschöpfungszustände, die sich zu einer breiten, tiefen Angst verdichtet haben. Ich weiß, was mir alles zustoßen kann da oben, und ich weiß,

»In mir sitzt die Angst. Vor der Erschöpfung, vor den Gefahren. Eine große Angst vor der großen Schinderei unter dem Gipfel.«

wie groß die Schinderei sein wird unter dem Gipfel. Wüßte ich es nicht, ich könnte mich nicht Stunde um Stunde, Schritt für Schritt überwinden, etwas zu tun, wogegen sich mein Körper sträubt.
Als die Sonne am Morgen mein Zelt trifft und den Rauhreif von der Innenwand leckt, packe ich langsam alles wieder ein. Nur zwei Sardinenbüchsen und eine Gaskartusche sowie die Hälfte der Suppen und des Tees lasse ich zurück. Ich muß mit dem Rest der Nahrungsmittel auskommen. Das Wetter ist gut, morgen muß ich auf dem Gipfel sein.
Die ersten 50 Meter bin ich langsam, dann finde ich meinen Rhythmus wieder und komme ganz gut voran, bis ich an eine Lawinenbruchstelle komme. Ich klettere jetzt etwas rechts vom Nordgrat, und das Gelände wird steiler und steiler. Ich bleibe im Schnee stekken. Nur rechts in der Nordwand – die ganze Flanke ein einziger Lawinenstrich – könnte ich mich schnell genug bewegen. Ich rede mir ein, daß nach den zwei Schönwetterwochen keine Lawinengefahr mehr bestehen kann, daß der Schnee sich da oben verfestigt hat. Und zwei Tage wird das Wetter schon noch halten.
So beginne ich eine lange, leicht ansteigende Querung nach oben, mit vielen Pausen, aber gleichmäßig. Über der Anstrengung und Konzentration habe ich übersehen, daß das Wetter schlecht geworden ist. Ringsherum ist alles mit Nebel behangen.
Die Berge unter mir haben sich verflacht. Ich selbst gehe mit dem Gefühl, nicht mehr zu der Welt da unten zu gehören. Als ich um drei Uhr nachmittags noch etwa 200 Meter links der Norton-Schlucht auf den Höhenmesser schaue, bin ich enttäuscht. Er zeigt nur 8220 Meter. Ich wäre heute gern weitergekommen. Aber da gibt es keinen Biwak-Platz, und im übrigen bin ich müde.
Auf einem Felsvorsprung steht eine Stunde später mein Zelt. Das Fotografieren habe ich jetzt aufgegeben, weil es zu viel Anstrengung kostet, die Kamera auf den Eispikkel zu schrauben, auszulösen, zehn Schritte wegzugehen und auf das Klicken des Selbstauslösers zu warten. Es ist viel wichtiger, daß ich mir etwas zu trinken mache.
In dieser Nacht behalte ich meine plumpen, doppelschichtigen Plastikstiefel an, damit sie nicht auskühlen. Der Schnee ist am Rand der Felsen zu Eis geworden. Ich bin sicher, es taut im Hochsommer, wenn es windstill und nebelig ist, sogar auf dem Gipfel des Mount Everest. Vor zwei Jahren, im Mai 1978, mußte ich nachts bis zu 40 Grad minus aushalten.
Ich darf dennoch nicht leichtfertig werden, weil in dieser Höhe schon einige Grade unter Null Erfrierun-

● Der Aufstieg. Zwischen dem Basislager und dem vorgeschobenen Lager auf 6500 Meter liegt ein Labyrinth von Eistürmen. Messner muß den richtigen Weg finden. Kein Wanderzeichen weist ihm die Route über die Gletscher, durch Eistürme und Schneefelder zum Gipfel. Und nur die richtige führt zum Ziel.

gen verursachen können. Was ist, wenn sich morgen der dichte Nebel nicht auflöst? Soll ich abwarten? Nein, das ist sinnlos. Auf dieser Höhe gibt es keine Erholung mehr. Übermorgen würde ich so geschwächt sein, daß es für einen Gipfelangriff nicht mehr reicht. Ich muß morgen entweder hinauf oder hinunter. Es gibt keine andere Wahl.
Zweimal messe ich während des Schneeschmelzens meinen Puls,

Den Rucksack, meinen Freund, lasse ich zurück. Jetzt habe ich niemand mehr, der sich mit mir unterhält.

weit über 100 Schläge in der Minute. Diese Nacht dauert lange. Am Morgen des 20. August lasse ich alles zurück. Auch der Rucksack bleibt im Zelt, aber schon nach kurzer Zeit vermisse ich ihn wie einen treuen Freund. Er war mein Gesprächspartner, er hat mich aufgemuntert weiterzugehen, wenn ich völlig erschöpft war. Sauerstoffmangel und die ungenügende Durchblutung des Gehirns sind wohl die Ursache für diese rational nicht erklärbaren Erlebnisse, die ich auch vor zwei Jahren bei meinem Alleingang auf den Nanga Parbat kennengelernt habe. Hier oben hatte schon der Engländer Smythe 1933 seinen Keks mit einem imaginären Partner geteilt. Der Rucksack war mein Begleiter. Aber ohne ihn geht's sich leichter, viel leichter. Und mein zweiter Freund, der Eispickel, ist ja noch bei mir.
Der Weg hinein in die Norton-Schlucht ist steil, nicht allzu schwierig. Die Einbildung, hier schon einmal geklettert zu sein, hilft mir, den einzig richtigen Weg zu finden. Eine Schneerinne führt zu einer Steilstufe, die mit hellerem Fels durchsetzt ist. In der Mitte ein schmales durchgehendes Schneeband, das den Aufstieg erleichtert. Hier ist vor nicht allzulanger Zeit eine Lawine abgegangen, und deshalb trägt der Schnee. Aber er wird weicher und mein Tempo immer langsamer. Auf Händen und Knien klettere ich nach oben, wie ein Vierbeiner, völlig apathisch. Als ich auf der Kante unterhalb des Gipfels stehe, ist der Nebel so dicht, daß ich mich kaum orientieren kann. Eine dunkle, senkrechte Felsmauer über mir riegelt den Weg ab. Aber irgend etwas in mir zieht mich nach links. In einer kleinen Schleife umgehe ich das Hindernis.
Die nächsten drei Stunden nehme ich als Zeit nicht mehr wahr. Immer wenn der blaue Himmel zwischen den dicken Wolken durchkommt, glaube ich, den Gipfel zu sehen. Und dann bin ich doch überrascht, als ich plötzlich das Aluminiumstativ, das kaum noch aus dem Schnee ragt, das Gipfelzeichen des Everest, vor mir sehe. Die Chinesen haben es 1975 am höchsten Punkt verankert, um genaue Vermessungen durchführen zu können. Aber jetzt, in der Monsun-Zeit, türmen sich Schneewächten nach Süden hin, die mir höher erscheinen als mein Standort.
Ich hocke mich hin, fühle mich schwer wie ein Stein. Ein Stofffetzen, um die Stativspitze gewikkelt, ist gefroren. Ich muß einige Bilder machen, aber ich kann mich noch nicht dazu aufraffen.
In diesem Augenblick bin ich nicht einmal enttäuscht, daß ich wieder keine Fernsicht habe. Zum zweitenmal bin ich auf dem höchsten Punkt der Erde, und wieder kann ich nichts sehen. Dafür ist es völlig windstill. Die Wolken quellen rundum, als ob die Erde darunter pulsiert. Ich weiß noch nicht, wie ich es geschafft habe, aber ich weiß, daß ich mehr nicht kann. Ich kann nur noch aufstehen für den Abstieg.

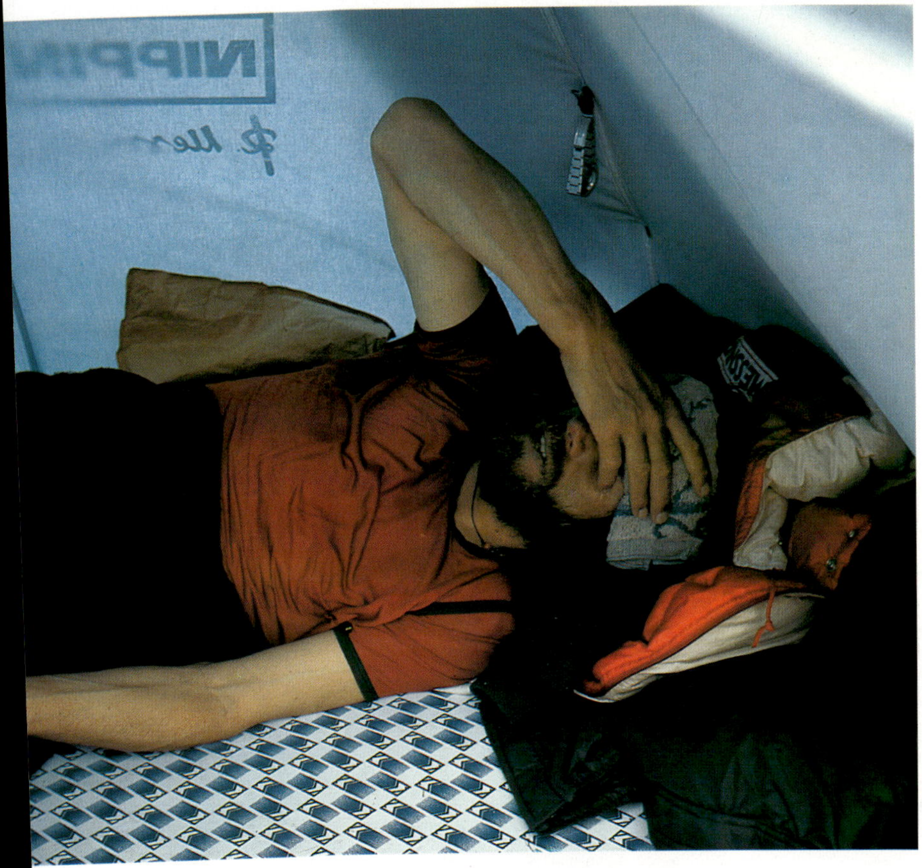

● Der Gipfel. Im Nebel erreicht Messner das Gipfelstativ, das die Chinesen hier verankert haben. Er ist überrascht, schon oben zu sein. Zwanzig Stunden später ist er wieder unten bei Nena.

»Ich habe es geschafft, aber ich weiß, daß ich mehr nicht kann. Ich hocke mich hin – schwer wie ein Stein.«

SURFEN

Donnernd rollen sie heran wie eine Herde wilder Pferde. Drohend bäumen sie sich auf wie eine grüne glasige Wand und brüllend fallen sie übereinander. Doch vorher schieben sie dich – dann brauchst du speed und nochmals speed.

Unterm Dach der grünen Wellen

SURFEN

Von Ulrich Richter

Nun war ich also meinem Traumziel ganz nahe, dem tropischen Wellenreitparadies mit der nie versiegenden Dünung, die Tausende von Kilometern weit aus dem Süden des Indischen Ozeans heranbraust. Bali, die Insel, an der in den Wechselzeiten der Monsune die Wirbelstürme ganz nahe vorbeiziehen und die Brandung an den Riffen und Stränden haushoch werden lassen. Bali mit seinen Göttern und Dämonen, Tänzen und Tempelfesten, Zauberpilzen und Vulkanen, die seit Jahrtausenden Feuer speien und die die freundlichsten und schönsten Menschen dieser Welt mit tiefer Ehrfurcht und Religiosität erfüllen. Bali, das Land des Lächelns, der Künstler, Lebenskünstler und Hahnenkämpfe. Bali, das heißt für den Wellenreiter Kuta-Beach, ein Strand nur so zum Spaß, an dem kleine harmlose Wellen über Sandbänken brechen, ein Strand, an dem man die wildesten Figuren des Wellenreitsports riskieren kann, und last not least ein Strand mit vielen, vielen hübschen Mädchen, die Sonne anbetend. Bali heißt aber auch Uluwatu, die große Herausforderung am heiligsten Tempel des Meeres, wo eine der gefährlichsten linksbrechenden Brandungswellen der Welt heranrollt. Vier Meter hoch bricht sich diese Welle röhrenförmig und glasig über nur fünfzig Zentimeter rasiermesserscharfem Korallenriff, wobei giftige Seeschlangen und Haie dieses gefährliche Surfgericht noch würzen. Hier wird der Surfspaß manchmal im wahrsten Sinne des Wortes zum blutigen Ernst.

Der Druck in meinen Ohren nimmt zu, und während des Landeanflugs sehe ich unter mir die Dünungslinien durch das tiefblaue Meer huschen. Mein Herz schlägt schneller, als ich die weißen Brechungslinien von Padang-Padang und Uluwatu erkenne – es wird »Adrenalin gepumpt«, wie die Surfer sagen.

Tropische Vegetation links und rechts, eine graue, holprige Landepiste, ein kurzes Quietschen und

● »Bottom turn« nennen die Surfer die Kurve am Fuß der Welle. Nur dort ist die größte Geschwindigkeit möglich. Doch der Surfer muß schneller sein als die Welle. Sonst bricht die glasgrüne Wasserwand mit zwei Tonnen Gewicht über ihm zusammen. Ein Kampf mit den Wellen.

Rütteln, und wir sind gelandet. Als sich die Türe unseres dreistrahligen Garudas öffnet, trifft mich die tropische Hitze wie ein Schlag. Dreiunddreißig Grad feuchte Wärme verlangsamen mein europäisches Tempo. Schon der Weg über das Rollfeld läßt mich Südostasien besser verstehen, Hektik ist hier völlig fehl am Platze. Und so dauert es dann auch etwas länger, bis das Gepäck und mein Surfbrett - Gottseidank ist es unbeschädigt - ausgeladen sind. Ich treffe zwei australische Surfer, die auch auf ihre Bretter warten, und als ich ihnen erzähle, daß ich aus Europa komme, erzählen sie mir von Mundaca in Nordspanien. »Die schönste Welle Europas«, meinte der eine, und ich denke mir: Hoffentlich weiß das nicht ganz Australien! Richtig - Wellenreiter sind etwas eifersüchtig auf ihre schönsten Strände, und sie teilen sie nur gerne mit Menschen, die sie mögen. »Mister, come with me, I make you special price«, sagt der dunkeläugige Taxifahrer mit seinem riesigen amerikanischen Schlitten aus den fünfziger Jahren.
Während mein Surfbrett in dem mit Benzinkanistern, alten Lappen und Ersatzteilen schon halbvollen Kofferraum verstaut wird, werfe ich einen Blick auf die Reifen unseres Fahrzeugs, und was ich da erblicke, das hätte einem deutschen TÜV-Beamten das Blut in

Die Taxifahrt war gefährlicher als der Ritt auf der Welle. Doch ich wurde für meine Angst fürstlich entschädigt.

den Adern gefrieren lassen. Im Autorennsport nennt man solche profillosen Reifen, glaube ich, »slicks«, mit dem Unterschied, daß hier die glatte Oberfläche nicht aus Gummi, sondern aus Leinwand bestand. Außerdem deutete sich an der Seitenwand eines Reifens eine größere Blase an. Überhaupt, wer in Südostasien Taxi fährt, dem wird klar, daß die Beziehung dieser

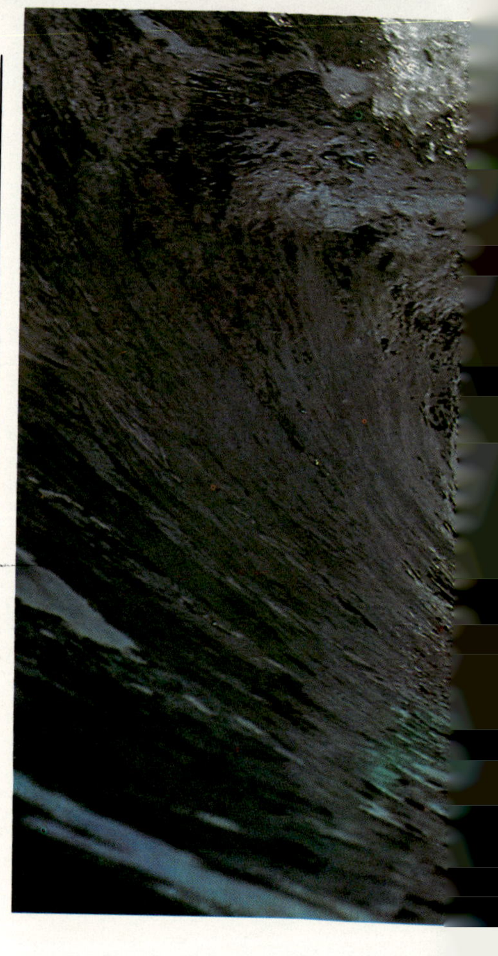

● **Bis zu zehn Meter hoch türmt sich die Brandung vor dem Riff. Die Ungetüme bilden ein nasses Dach. Jeden Moment kann das Gebilde von Wasser, Wind und der Kraft des Meeres wie ein wildes Tier über den Surfer herfallen. Diesen Moment muß er erahnen, damit er der Gewalt der Wellen entkommt.**

Menschen zum Tode eine andere sein muß. Eigentlich wird nur theoretisch nach Regeln gefahren, doch in der Praxis scheint immer der Vorrecht zu haben, der den größeren Wagentyp, die lautere Hupe oder die besseren Nerven hat. Ich habe es in Sri Lanka mal mit einem Trick versucht, um einen Taxifahrer dazu zu bewegen, langsamer zu fahren. Ich erklärte ihm, daß ein Wagen viel weniger Benzin braucht, wenn man langsamer fährt, – in der Annahme, er würde jetzt langsamer fahren, um Geld zu sparen. Er faßte die Geschichte aber so auf, als wollte ich damit sagen, daß er zu langsam führe und daß er auf meine Kosten Benzin sparen wollte. Eine Stunde Todesangst waren mir nach diesem Bekehrungsversuch sicher!

In solcher Situation hilft nur eines – entspannen, nicht ans Fahren denken, sondern die fremde Landschaft genießen, soweit es einem möglich ist. »Selamat datang – sei willkommen«, stand auf einem blumengeschmückten Transparent über dem ersten balinesischen Dorf, und ich fühlte den Zauber dieser Insel, der alle meine Sinne erfaßte – und der Geruch von brennenden Palmblättern und Kokosnußschalen, die leuchtenden Farben der Sarongs der Mädchen, die die Blumen- und Früchtegaben zum Tempel tragen, die fröhlich lachenden Kinder und diese feuchte Hitze wirkten auf mich wie eine glücklichmachende Droge.

In einem kleinen Hotel in Kuta saß er mir plötzlich gegenüber. Das Weiß seiner Augen war gepeinigt von der beißenden Schärfe des

»I am tubed – die Welle hat mich eingeschlossen. Mein Herz rast, und die Wand vor mir wird steil. Zu steil.«

Salzwassers, und die ausgebleichten Haare ließen die ursprüngliche Farbe nur noch erahnen. Seine Schlüsselbeine und Schultern waren vernarbt vom nie heilenden Sonnenbrand, und seine Füße und Schienbeine waren übersät mit Narben. Er warf einen Blick auf mein Surfboard, das ich am Rand der Terrasse in den Schatten gelegt hatte, um den mühevoll aufgetragenen Wachsbelag vor der sengenden Tropensonne zu schützen. Dann blinzelte er mich an und fragte: »Wo kommst du eigentlich her?« »Aus Deutschland«, erwiderte ich. »Aus Deutschland? Wo surft man denn in Deutschland?« »Unsere Nordseeküste ist zwar nicht gerade ein Surfparadies, aber zum Anfangen reicht's, und sonst sind wir in Frankreich oder Nordspanien.«

»Frankreich, da war ich schon ein paar Mal. Lafitenia, Guetary oder La Barre – Mann, war das ein Hammer, bevor sie diese verdammte Mauer gebaut haben. Ich habe dort mal einen Surfwettkampf mitgemacht, als ich ein Surfprofi war.«

Jetzt auf einmal fiel es mir ein, wo ich dieses Gesicht schon mal gesehen hatte – auf einem dieser phantastischen Surffotos in einem amerikanischen Wellenreitermagazin. »Ist dein Name vielleicht Richie Goldman, und warst du 1977 Fünfzehnter der Surfprofiweltrangliste?- »Ja«, sagte er, und seine Augen leuchteten voller Stolz. »Ich habe sechs Jahre in Hawaii gelebt. Mann, sind das Wellen, aber die Stimmung ist so mies geworden unter den Profis. Wirklich ungemütlich!« Ich war fasziniert von dem Gedanken, endlich einmal einen dieser Supersurfer kennengelernt zu haben, und ich brannte darauf, etwas von diesen berühmten Surfstränden aus erster Hand zu hören. »Wie ist das, wenn man die Banzei Pipeline surft?« fragte ich. »Die Pipeline ist eigentlich nur ein Beachbreak, eine Sandstrandbrandung. Nur fünfzig Meter vom Ufer entfernt. Eigentlich gar nicht so schwierig. Nur schnell – verdammt schnell. Aber wenn du den ›bottom turn‹ richtig schnell durchgezogen hast und die ›tube‹ dich einschließt – Mann, ist das ein Gefühl – du bist so ›high‹, daß dir fast die Birne platzt. Aber vor diesen verdammten ›niggerheads‹ habe ich einen Riesenrespekt!« »Was sind denn ›niggerheads‹?« entgegnete ich. »Ach, das sind diese elenden pilzförmigen Korallenstücke, unter die du gespült wirst, wenn's dich über den großen Wasserfall reißt. Du tauchst auf, und über dir ist's hart und dunkel, und du hast

● Das faszinierende Spiel mit der Brandung, das »big wave riding«, setzt voraus, daß der Surfer ein ausgezeichneter Schwimmer ist und auch in Extrem-Situationen nicht in Panik gerät. Sonst kommt er aus der »großen Waschmaschine« nicht heraus.

keine Luft mehr – da geht was vor in deinem Gehirn, wenn du verstehst was ich meine.« Und ich verstand sehr gut, was er meinte. Eine Riffwelle, die bei fünf Meter Höhe auch noch fünf Meter nach vorne hinauswirft, erlaubt keine Stürze oder Geradeausfahrten mit der gebrochenen Welle. Jede Unvorsichtigkeit kann sehr schmerzhaft, ja sogar tödlich sein. »Aber das ist alles Kinderkram gegen Waimea-Bay. Wenn du da hinausgehst, machst du in die Hose vor Angst«, fuhr Richie fort. »Ich habe viele große Wellen gesurft, und ich hatte auch Stürze und schlimme Situationen jeder Art, aber es hat fünf Jahre gedauert, bis ich in Waimea hinausgepaddelt bin. Ein Sturz in Waimea heißt, daß du die Gewalt von zwei Tonnen Wasser zu spüren bekommst, und das ist ungefähr so, als würdest du unter einem einstürzenden Haus stehen. Und du mußt verdammt viel Luft haben, denn Waimea hält dich lange, lange unten. Es sind schon verdammt

»Das Schlimmste sind die Unterwasserströmungen. Sie bewegen einen Felsbrocken von der Größe eines Autos.«

viele in der Suppe von Waimea gestorben. Aber das Schlimmste an der ganzen Sache sind die Unterwasserströmungen, denn sie bewegen Felsbrocken von der Größe eines Autos, und wehe, du wirst von so einem Ding am Grund eingeklemmt!« Mir war immer klar, daß

Es gibt zwei Dinge, für die es sich lohnt zu leben: Surfen und Mädchen – Freiheit und Liebe.

Wellen von zehn Metern und mehr keine Kleinigkeit sein würden, aber nun fragte ich mich, worin hier noch Sinn liegt. »Ist Waimea das Risiko wirklich wert?« wollte ich wissen. »Wert – was für eine Frage – wenn du diese Wand hinunter fährst, dann weißt du erst, was Leben heißt. Du hast so viel Angst und Lust gleichzeitig, daß du nicht mehr weißt, ob du noch lebst oder schon tot bist, und das ist wirklich die allerletzte und größte Erfahrung! Übrigens, wie heißt du eigentlich?« »Uli«, sagte ich. Richie lachte und meinte: »Das ist es, morgen surfe ich Ulu mit Uli. Das wird ein Spaß.« »Für dich bestimmt«, antwortete ich und betrachtete meine noch unbeschädigte Körperoberfläche. »Morgen ist Vollmond, und die Flut kommt von acht bis zehn Uhr herein – der Wind ist morgens immer ablandig. Also bis morgen um sechs Uhr, ich muß mal nach meiner Italienerin schauen, dic ich gestern abend kennengelernt habe.« Als ich ihn so zwischen den Bambushütten, Palmen und violetten Bougainvillea-Büschen verschwinden sah, mußte ich an den Satz denken, den mir mal ein englischer Surfer in Sri Lanka sagte: Es gibt nur zwei Dinge, für die es sich lohnt zu leben: Surfen und Mädchen. Freiheit und Liebe – keine schlechte Alternative in einer Welt von Zwängen und Gewalt.

Das Haupttransportmittel des Wellenreiters auf Bali ist das Motorrad, das man an jeder Ecke für einen Spottpreis mieten kann. Sollte jemand keinen Motorradführerschein haben, ist das auch keine große Sache, denn man kann diesen in einer fünfminütigen Prüfung für zehn Mark erwerben.

Um sechs Uhr morgens bei Sonnenaufgang brechen Richie und ich mit dem Motorrad und umgehängtem Surfbrett zu der abenteuerlichen Fahrt nach Uluwatu auf. Durch Palmenplantagen, über Schlaglochstraßen und vorbei an furchterregenden Kaktusbüschen geht's in südlicher Richtung. Es ist fast ein wenig kühl, als sich die Sonne über dem großen Vulkan Gunung Agung erhebt. In Uluwatu stürzen sich zehn kleine balinesische Führer auf uns, die einem den Weg zum Strand zeigen und das Brett tragen wollen. Der einstündige Weg führt vorbei an Tempeln, Kühen mit Holzglocken, über steile Küstenpfade in der glühenden Hitze hinunter zu einer kleinen palmdachbedeckten Trinkstube, unter der sich der steile, kleine Strand von Ulu versteckt. Wir wachsen unsere Bretter und

● Rasende Fahrt auf schmalem Brett. Die großen Reefbreaks an der Küste von Uluwatu treiben selbst Spitzensportlern den Angstschweiß auf die Stirn.

»Wenn du diese Wand hinunterfährst, dann weißt du erst, was Leben heißt. Angst und Lust gleichzeitig.«

steigen über eine wacklige Bambusleiter hinunter zu einem Felsentor, durch das wir mit der Flosse nach oben hinauspaddeln, denn das Wasser ist seicht und die Korallen so scharf, daß man sogar beim Paddeln auf seine Hände aufpassen muß. Als der Blick hinter den Felsen frei wird, sehe ich zum ersten Mal ganz aus der Nähe die perfekte Linke, wie sie mit unheimlicher Präzision um den Felsvorsprung biegt und donnernd, eine offene Röhre bildend,über das Riff bricht. Wir paddeln weit rechts mit dem abfließenden Wasser hinaus, um möglichst wenig vom gebrochenen Wasser mitzubekommen. Vorsichtig nähern wir uns dem Startpunkt. Die größten Sets, wie man eine Serie von Wellen nennt, mußten heute zwischen drei und vier Metern liegen, eine beachtliche Höhe für Uluwatu. Jeder Surfstrand hat seine Höhengrenze; wird diese überschritten, wird die Welle unsurfbar oder selbstmörderisch. »Take that one«, ruft mir Richie zu. Ich drehe mein Brett, paddle etwas rechts hinein, beschleunige mit kräftigen Doppelarmzügen, ich gleite, springe auf, und schon beginnt der schnellste »drop« meines Lebens – ich mache mich klein und fahre den »bottom turn«, die Kurve am Fuß der Welle mit höchstmöglicher Geschwindigkeit. »Denk dran«, hatte Richie mir immer wieder eingebleut, »du brauchst ›speed‹ und nochmals ›speed‹, sonst verschluckt sie dich!« Und als ich aus dem »bottom turn« herauskomme, ist sie da, die grüne, hohle, rollende Wand, mit der ich um die Wette fahren muß. Entweder du erwischt sie, oder sie erwischt dich, sagen die Surfer. Ich fahre ins obere Drittel, ducke mich und gehe zwei Schrittchen nach vorn. Die Geschwindigkeit steigt blitzartig, und langsam erkenne ich, wie sich ein weiß-grünes Dach über mich schiebt. I am tubed – ich bin von der Welle eingeschlossen –, mein Herz rast, mein Kopf ist ganz leicht. Aber was ist

● Fliegende Bretter über der Gischt. Windsurfer sind keine Konkurrenz für Brandungssurfer, sondern Abenteurer auf anderem Gefährt. Wind und Wasser bestimmen ihr Erlebnis. Um zu erleben, müssen sie beides bezwingen.

das – die Wand vor mir wird zu steil – das untrügliche Zeichen dafür, daß die Welle »zumachen« und mich aufs Riff schleudern wird! Ich stoße mich mit aller Gewalt nach hinten ab und schieße mein Brett nach vorn – ich werde vom Sog erfaßt, aber Gottseidank nicht nach oben gerissen, die Welle begräbt mich, ich werde gewirbelt und spüre einen Ruck am Knöchel – meine Fangleine ist gerissen. Ich habe Glück und werde ohne Grundberührung ins seichte Wasser gespült, und der mühselige Weg zu Fuß über das Riff beginnt. Meine Füße schmerzen bei jedem Schritt, aber mein Brett hat sich gottlob im strömungsfreien Wasser gefangen. Als ich es erreiche, wird mir klar, daß für mich der heutige Surftag zu Ende ist, die Fangleine hat sich tief in das Hinterende eingeschnitten. Richie ist in seinem Element, er fährt Kurven in der Röhre, schießt über die Lippe hinaus und macht die radikalsten »cutbacks«, die man sich vorstellen kann. Aber plötzlich ertönt ein Schreien von der Klippe. Einer unserer Führer ruft: »Hiu-Hiu« und deutet mit wilden Gesten aufs Meer hinaus. Richie surft geradeaus auf dem Bauch herein, und jetzt sehe ich auch den Grund – die berühmte dreieckige schwarze Flosse, keine fünfzig Meter von mir entfernt. Aber es passiert nichts, der gefürchtete Räuber der Meere dreht ein paar Runden und ist verschwunden. Aber auch Richie zieht es vor, seinen Surftag zu beenden. »Man weiß nie«, sagt er, »manchmal sind diese Kerle doch hungrig.«

Als ich um Mitternacht bei Vollmond einer Prozession zum Strand folge und einem Fest der Meeresdämonen beiwohne, habe ich plötzlich den Eindruck, als würde uns jemand vom Wasser aus beobachten, der schon seit Jahrmillionen der Herr der Meere ist. Vielleicht ahnt er sogar, daß er immer noch da sein wird, wenn wir längst ausgestorben sind. Der Vollmond von Bali bringt auch Surfer auf eigenartige Gedanken. Gut, daß die Balinesen den Dämonen ein großes Opfer bringen.

TRAUMREISEN

Paradiese, Palmen und Piraten

Von Neuseeland zu den Fidschis, Marshall-Inseln und Philippinen. Eine Märchenreise, die im Handumdrehen zum Alptraum wird.

Von Wilfried Erdmann

TRAUMREISEN

Was für eine verrückte Idee! Um den halben Erdball zu fliegen, nur um ein Boot zu kaufen! Vom europäischen Winter in den neuseeländischen Sommer. 23 000 Kilometer – weiter geht's kaum. Und eigentlich wissen wir nur, daß der Bootsmarkt in diesem Land sich rund um Auckland abspielt – und gut ist.
Die Idee hatte natürlich wieder mal ich – wer sonst. Im Spaß äußerte ich einmal meiner Frau gegenüber: »Komm, wir fliegen nach Neuseeland, kaufen dort ein Boot und schippern durch die Südsee. Laß uns die Freiheit genießen, ganz weit weg vom stupiden Alltag.« Astrid sah mich mit einem merkwürdigen Blick an. Wir wußten in diesem Moment beide, daß wir es wirklich tun würden.
In Auckland finden wir nach langem Suchen ein Boot, das etwa unseren Vorstellungen entspricht: eine zehn Meter lange und knapp drei Meter breite gebrauchte Slup. Dieser Mittelkieler macht einen seetüchtigen Eindruck.
»Kathena faa« heißt das Segelboot, und mit ihm mache ich meine vierte große Weltreise. Aber dieses Mal bin ich nicht allein:
Astrid, meine Frau, und unser dreijähriger Sohn Kym begleiten mich auf unserem Dreijahrestörn.
Einen Monat brauchen wir, um startklar zu sein. Am 25. April 1976 verlassen wir Neuseeland. Vollgestopft mit Proviant und Zubehör für die nächsten drei Jahre nehmen wir unsere Südsee-Route auf. Mit der »faa« – der Name schmeckt für uns nach Abenteuer, Weite, Wasser und Palmen – wollen wir die Hinterpfade der Südsee ausfurchen. Auf dieser Route, die von anderen Seglern wegen ihrer widrigen Winde, schlechten Ankerplätze und drückenden Hitze gemieden wird, wollen wir unsere eigenen Erlebnisse schaffen.
Wir fahren. Eine wohltuende Gelassenheit erfüllt uns, die Windfahnensteuerung hält zuverlässig den Kurs, und wir lassen uns selig durch die ersten Tage treiben.
Nach zwölf Tagen erreichen wir die Fidschi-Inseln und müssen feststellen: Auch in der Südsee regiert der Kommerz. Acht Dollar knöpft man uns bei der Hafenmeisterei ab – Überstunden fürs Einklarieren. Doch was soll's. Wir sind in den Tropen und wollen uns durch solche kleinen »Zivilisationsschäden« nicht unser Südsee-Glück stören lassen.
Südsee! Jetzt kann die große Freiheit beginnen. Beschwingt erleben wir die umliegenden Inseln, genießen jeden Augenblick. Der Duft, die Farben, das Licht – alles regt unsere Sinne an. Wir könnten die ganze Welt umarmen – genau so fühlen wir uns. Ich weiß nicht, wie ich es erklären soll – dieses unbezähmbare Freiheitsgefühl, das ich empfinde, wenn sich über mir nur ein strahlend blauer Himmel wölbt und unter mir sanfte türkise Wellen den Bootsrumpf umspielen. Wie soll ich das jemandem erklären, der bei »Segeln« zuerst an Seekrankheit denkt und bei »Südsee« gleich ein paar tödliche Tropenkrankheiten aufzählen kann. So einer wird nie verstehen, wie eine junge Familie die pure Glückseligkeit spürt, sobald sie der Zivilisation den Rücken kehrt.
Von den Fidschi-Inseln geht es weiter nach Norden zu den Ellice-, Gilbert- und Marshall-Inseln. Für solche Atolle entwickeln wir eine Leidenschaft, nicht nur wegen des fast unwirklichen Farbenzaubers von Wasser und Land, sondern vor allem wegen eines wohltätigen Spenders: der Kokospalme. Sie gibt uns Schatten, Nahrung, Spielzeug und Flechtmatten.
Im Ant-Atoll gehen wir bei einem winzigen Eiland vor Anker. Auf glasklarem, türkisfarbenem Wasser genießen wir hier für ein paar Wochen unbeschwertes Robinson-Leben. Mit einer Bananenstaude im Schatten einer Palme hockend, genießen wir unsere Kokosnuß-Freiheit. Unsere Alltagsrealität ist zu einem Garten Eden geworden.
Dies sind Tage, die wir nie vergessen werden. Wir räkeln uns in der Sonne, speeren Fisch am Riff, suchen Muscheln und tragen schon lange keine Kleidung mehr. »Unsere« Insel ist nämlich unbewohnt.

Nach dem Inselparadies geraten wir mitten in den Glaubenskrieg. Piraten verfolgen uns. Entern unser Schiff.

● Unser Paradies. Die »Kathena faa« bringt uns auf ein winziges Südsee-Atoll, wo wir die »Freiheit total« genießen. Kym tobt über »seine« Insel wie Freitag, der Gefährte von Robinson Crusoe. Hier würden wir drei am liebsten für immer bleiben.

»Auf dreißig Quadratmetern schippern wir zu dritt von Neuseeland nach Frankreich. Drei Jahre lang.«

Hier könnten wir bleiben. Niemand hat Lust, weiter zu segeln, aber irgendwann muß es sein. Wind und Zeitplan erfordern es. Über Neuguinea steuern wir die Philippinen an. Auf dem Weg dorthin überstehen die »Kathena faa« und wir einen Taifun, der mit 180 Stundenkilometern über uns hinwegrast. Das Boot besteht seine Feuerprobe. Nasse und angstvolle Tage liegen hinter uns, als wir nach 31 Seetagen Davao im Süden der Philippinen erreichen. Von diesen Strapazen wollen wir uns für einige Zeit erholen. Doch wird unsere gute Stimmung nach überstandener Gefahr gleich gedämpft. Wir erfahren, daß auf unserem weiteren Kurs im südwestlichen Mindanao und auf den Sulu-Inseln die Moslem-Rebellen weiterhin gegen die Regierungstruppen des Staatschefs Marcos kämpfen, obwohl zwischen den feindlichen Truppen ein Waffenstillstand beschlossen wurde. 16 000 bewaffnete Moslems sollen sich an diesem Glaubenskrieg – Koran gegen Kreuz – beteiligen. Die Moslems wollen einen unabhängigen islamischen Staat.

Uns wird unbehaglich bei dem Gedanken, unter diesen Umständen mit dem Segelboot durch den Sulu-Archipel zu schippern. Freunde, die Hafenpolizei, Militärbeamte in Davao, sie alle raten uns davon ab, diesen Weg zu nehmen, der allerdings der direkte ist, um nach der Umrundung des Nordcaps Borneos nach Singapur und Malaysia zu gelangen. Und der Monsunwind begleitet uns auf der gesamten Strecke. Im übrigen bleibt uns auch kaum eine andere Wahl. Durch Indonesiens Inseln können wir mangels einer Genehmigung nicht. Östlich um Mindanao durchs Chinesische Meer zu segeln wäre ebenso risikoreich, weil uns ein starker Gegenstrom und ein ständiger Gegenwind in dieser Jahreszeit Kräfte abverlangen würde, welche die »Kathena faa« und wir nicht besitzen.

Wir verschieben unsere Abfahrt von Tag zu Tag. Einmal hatten wir uns schon zum Starten durchgerungen, als uns die Nachricht erreicht, daß ein Patrouillenboot bei den Sulus von Rebellen angegriffen und mehrere Besatzungsmitglieder getötet worden sind. Das läßt uns weiterhin bewegungslos an unserem Ankerplatz verharren. 5. Januar: Jetzt muß es sein. Voller Spannung und Befürchtungen machen wir uns auf den Weg. Gespannte Atmosphäre. Den Tee trinken wir im Stehen. Astrid hat ihre »Seemaske« aufgesetzt. Keine Miene verziehend steuert sie hinaus auf See. Ich kümmere mich um Anker und Segel. Das Gespräch dreht sich – wie seit Tagen – immer um den gleichen Punkt: Welchen Weg sollen wir durch die Sulu-Inseln nehmen? Ich bin für den Kurs dicht unter der Küste von Zamboanga. Da sind die meisten Patrouillenboote stationiert, allerdings passieren dort auch die meisten Überfälle. Einfach durch die Mitte zu segeln würde mir auch gefallen, aber da liegen die Inseln und Riffe sehr dicht beieinander. Astrid schlägt den südlichsten Kurs vor – Sibutu-Passage, die liegt am weitesten von den Rebellen entfernt, würde aber zur Folge haben, daß wir danach gegen einen strammen Wind ankreuzen müssen. Ich kann mich nicht entschließen, Astrids Vorschlag zuzustimmen. Am nächsten Morgen haben wir erst einmal die Insel Sarangani dicht an Backbord.

● Unser Leben spielte sich meist auf Deck ab. Ein kühles Eck für's Mittagsschläfchen, individueller Spielplatz für Kym und Aktionsfeld für den Kapitän und »Ernährer«. Bei solchen Prachtexemplaren wurde das tägliche Fischmenü nicht langweilig.

● Freiheit und Einsamkeit, das sind wohl die beiden dominierenden Gefühle, die einen in der Weite des offenen Meeres beherrschen. Du bist ganz auf dich allein gestellt, kannst im Notfall nicht mit schneller Hilfe rechnen, darfst unabhängig Entscheidungen treffen und mußt dafür auch alle Verantwortung tragen – eine große Herausforderung und eine wundervolle Erfahrung.

Astrid hört Motorengeräusch und stürzt an Deck. In unserem Kielwasser folgt uns ein Pumpboot, so nennen die Philippinos ihre Boote mit zwei Auslegern und einem im Mittelrumpf liegenden Motor. Langsam glaube ich, daß ich dem Wunsch nach der ungefährlichen Süd-Route hätte zustimmen sollen. Das Pumpboot folgt uns weiter in geringem Abstand. Die beiden Männer drüben haben Tücher um den Kopf gewickelt und starren unbeweglich zu uns herüber. Ich winke – keine Reaktion. Astrid und Kym winken – keiner dort drüben hebt die Hand. Um in dieser mulmigen Situation überhaupt etwas zu tun, hole ich die Leuchtpistole unter Deck hervor. Zehn Minuten, fünfzehn Minuten vergehen, sie kleben immer noch an unserem Heck. Nach 20 Minuten ist der Spuk endlich vorbei. Der Motor des Pumpbootes stoppt, und bei unseren gut sechs Knoten Fahrt haben wir diese seltsame Begegnung schnell aus den Augen verloren.

Die nächste Widrigkeit läßt nicht lange auf sich warten: Zwei Tage später, während meiner Nachtwache, um drei Uhr morgens, sehe ich einen Schatten an Backbord. Er kommt genau vierkant auf uns zu. Ich greife zur Taschenlampe. Es ist wieder so ein Pumpboot, und schon prallt der Rumpf gegen unsere Schiffsseite. Wir sind in einen Pulk von mindestens sechs dieser Boote geraten. Und das bei stockdunkler Nacht, 60 Meilen von Mindanaos entfernt. Die Pumpboote sind alle unbeleuchtet, und ihre Besatzungen schlafen unter Deck.

Auf Borneo holt uns die Zivilisation wieder ein. Statt Dschungel und Affen entdecken wir Luxuslimousinen aus Deutschland.

Ich werfe schnell die Fallen los, damit die Segel an Deck rutschen, und stelle den Diesel an. Doch da merke ich das nächste Malheur: Eine Leine von denen hat sich um unsere Schraube geschlungen. In diesem Moment merken wir erst, daß die Boote untereinander verbunden sind und wir uns darin verfangen haben.

Auf den Booten gehen jetzt überall die Lichter an, während Astrid, nur im T-Shirt an Deck stehend, mir mit der Taschenlampe beim Tauchen leuchtet. In vier Tauchgängen habe ich die Schraube frei. Die Lichtschatten dabei lassen Angst vor Haien aufkommen.

Wir legen schnell den Gang ins Getriebe – und ab. Hinter uns erlöschen bald die Lichter. Wir atmen

auf. Wir vermuten ihrer Kopfbedeckung nach, daß die Leute auf den Booten Moslems waren. Da viel Kriegsgut in kleinen Booten auf die Sulus transportiert wird, haben wir im ersten Augenblick an einen Konvoi dieser Boote gedacht. Wegen der Gefahren rund um die Sulus steuern wir die Sibutu-Passage bei Nacht an. Ohne Navigationslichter, aber mit gutem Wind schleichen wir uns hindurch. An Steuerbord zeichnen sich in der Dunkelheit die Konturen hoher Inseln ab.

Im Morgengrauen stehen wir vor der Küste Borneos. Nur ebenes, bewaldetes Land ist auszumachen. Dichtes Mangrovengestrüpp reicht bis ins Wasser. Wind und Strom stehen gegenan und werfen eine hohe See auf, bei der unser Vorschiffdeck mehrmals wegtaucht. Das Wasser ist trüb, stellenweise braun. Wir haben zwar Sibutu hinter uns, aber noch etwa 50 Meilen am Sulu-Rand vor uns. Gegen Mittag können wir erleichtert aufatmen. Wir haben das Rebellen-Gebiet verlassen – wir segeln jetzt in Sabah-Gewässer, und da soll es friedlich zugehen. Sabah heißt das Land im Norden Borneos. Wir legen Kurs auf Sandakan, das wir nach einer weiteren Nachtfahrt erreichen. Wir sind wieder an Land, auf festem Boden.

Borneo. Wir denken dabei an Dschungel, Hitze mit hoher Luftfeuchtigkeit und natürlich Affen, Orang-Utans ... und Elefanten. Doch auf was treffen wir als erstes bei unserem Landgang? Auf drei neue Mercedes-Limousinen im Schaufenster einer Auto-Handlung. Sandakan ist eine reiche Stadt. Sie lebt hauptsächlich vom Holzhandel, der hier in großen Ausmaßen betrieben wird. Und vom Krevettenfang, wozu im Hafen an die 200 Boote liegen. Holz und Krevetten werden fast ausschließlich nach Japan exportiert. Weil Piraten wiederholt ganze Flöße kostbaren Hartholzes und kleinere Boote kaperten, hat die Regierung in Sandakan zwölf Polizeischnellboote stationiert. Das beruhigt uns. Eines dieser Boote befindet sich immer auf Patrouille, also denken wir bei künftig möglichen Gefahren mehr an die unzähligen Riffe, die bis zum Nordkap Borneos zu umschiffen sind, als an Gefahr durch Menschen.

Erholt und den Matrosen auf den Polizeibooten zuwinkend, verlassen wir nach einer Woche die Hafenbucht. Der tägliche Anblick der dicht bei uns verankerten Boote beruhigt auch meine arg strapazierten Nerven. Zur nächsten Insel – Siligaan – sind es nur 27 Meilen. Wir ankern hier für die Nacht. In Tagestörns wollen wir uns durch die Riffe und Inselchen zum Nordkap schlängeln.

Am nächsten Tag, eine Meile südlich der winzigen Ein-Baum-Insel Sibaung, die zu den Philippinen gehört, entdecken wir in einem Abstand von einigen hundert Metern ein großes Fischerboot. Wir denken an nichts Schlimmes und spotten schon über den unförmigen Kasten, als wir plötzlich Schüsse hören. Wir beachten sie zunächst kaum. Ich sage nur: »Worauf schießen die denn? Da fliegen nicht mal Vögel.« Als Astrid rund um »Kathena faa« Wasser aufsprit-

● Auf einsamen Inseln lassen wir uns von exotischen Köstlichkeiten verwöhnen. Kyms »Fang« beweist, daß es rund um die Atolle nicht nur von bizarr geformten Korallenstöcken wimmelt, sondern auch gefährliche Burschen im klaren Wasser kreisen.

»Die Südsee hat bis heute nichts von ihrem Zauber verloren – besonders die Unterwasserwelt ist einmalig.«

zen sieht, wird uns blitzartig klar, daß auf uns gezielt wird. Ich kann es einfach nicht glauben. Die haben doch ein Netz im Schlepp! Das sind doch Fischer - oder? Wieder Einschläge im Wasser. Ich zögere keine Sekunde, starte den Hilfsmotor, und mit voller Leistung - Segel plus Schraube bringen immerhin acht Knoten - rauschen wir ab. Wir nehmen Reißaus.

Als das Fischerboot am Horizont immer kleiner wird, stellen wir die Maschine ab, holen tief Luft und meinen, alles wäre »Spaß« gewesen. Aber plötzlich wird aus dem breitseits treibenden Schiff ein schmaler Strich. Der Schornstein beginnt zu qualmen, der Bug zeigt genau auf uns. Die »Fischer« holten wohl erst ihr Netz ein, bevor sie die Verfolgung aufnehmen konnten. Wir gebrauchen wieder zusätzlich zu den Segeln den Motor - volle Pulle. Er nutzt nichts, ganz langsam wird der Verfolger größer. Das stark motorisierte Boot holt deutlich auf. Die Leute wollen etwas von uns - und sicherlich nichts Gutes. Jetzt wird es brenzlig - unsere Boot wird von Piraten verfolgt!

Eine Stunde später ist der Verfolger auf Schußweite herangekommen. Ganze Gewehrsalven werden auf unser Boot gefeuert. Verdammt, das ist Ernst. Ich begreife, daß eine weitere Flucht sinnlos ist. Das »Fischerboot« ist schneller als wir. Wir müssen die Segel streichen. Ich stelle den Diesel ab und gehe mit der »faa« in den Wind, um die Segel zu bergen. Beim Festsetzen der Fock streift eine Kugel meinen Fuß. Eine andere, vom Anker an Deck abgeprallt, saust haarscharf an mir vorbei. »Kathena faa« treibt breitseits zu den Wellen. Flach auf dem Boden

● Muß man sich hier nicht einfach rundherum wohlfühlen? Wir genießen den Urlaub von der westlichen Zivilisation und spüren keine Sehnsucht nach Kaufhäusern, Wolkenkratzern, Autobahnen oder Großraumbüros.

der Kajüte liegend, hoffen wir ergeben, daß die Knallerei endlich aufhört. Immer häufiger hören wir den Aufprall von Kugeln auf unserem Boot. Mit dem Mut der Verzweiflung schnappt sich Astrid ein weißes Laken und stürzt damit zum Achterstag, um dort dieses Zeichen der bedingungslosen Kapitulation zu zeigen. Ich erinnere mich bei dem Anblick mit Selbstironie an einen Ausspruch: »Da aber die Natur den Mann stärker gemacht hat als die Frau, hat er das Recht…«

Das flatternde Bettuch bewirkt nichts. Unverdrossen schießen unsere Verfolger weiter. Astrid hockt am Nierdergang in Deckung. Kym weint. Er spürt, daß dies kein Spaß ist. Erst in unmittelbarer Nähe von uns stellen die Piraten das Feuer ein. Als das Boot etwa 50 Meter querab ist, zeigen wir uns alle drei mit erhobenen Händen. Kym will nicht raus, aber er muß, damit sie sehen, daß wir eine harmlose Familie sind, keine Schmuggler oder was sonst hier herumschwirrt. An Bug und Heck des grauen Bootes steht jeweils einer mit dem Gewehr im Anschlag. Der Name des Schiffes ist am Bug mit einer Persenning verhängt. Nur »Manila« als Heimathafen können wir am Heck ausmachen. Langsam kommt das Boot, das doppelt so lang wie die »Kathena faa« ist, auf Reichweite heran. Im Schatten des von vorn bis achtern durchgezogenen Deckhauses stehen wild aussehende Typen.

Uns wird mit Gesten klar gemacht, längsseits zu kommen, was jedoch

● Wo immer wir an Land gehen, für die Eingeborenen sind wir eine Sensation. Ebenso, wie wir oft die einfache Lebensweise unserer Gastgeber bewundern, zeigen sie sich vom Instrumentarium und den technischen Finessen unseres Bootes beeindruckt. Oft kam die ganze Dorfjugend in Einbäumen angerudert, um alles genau zu inspizieren.

bei dem Seegang unmöglich ist. Daraufhin wird mir befohlen, alleine rüberzukommen. Ich tue das mit dem Dingi, während zwei Burschen mit Gewehren bewaffnet »Kathena faa« entern. Sie benutzen dazu unser eigenes Dingi.
Ich gebe mich höflich gegenüber den Freibeutern, in deren Gesichtern das freundliche Lächeln der Philippinos nicht zu entdecken ist. Sie sind ganz offensichtlich wütend, daß sie so lang hinter uns herfahren mußten. Ein Kerl zieht mich am Ohr zum Ruderhaus. Dort demonstriert der Oberbandit seine Macht, indem er mir mit einem Fausthieb ein Stück vom Schneidezahn ausschlägt. Einer seiner vielen Ringe am Finger muß mich getroffen haben. Meine Unschuldsbeteuerungen bewirken gar nichts. In gebrochenem Englisch wird mir erklärt, daß unsere Yacht geschleppt werden soll. Wohin? Ich vermute, die Räuberbande will die »Kathena faa« im Lee einer Insel ausschlachten.
Der Schleppkurs zeigt auf die nächste Insel: Bo-Aan, 12 Meilen entfernt. Die hohe Fahrt gegen die See läßt die Schleppleine in regelmäßigen Abständen gefährlich stramm kommen. Ich habe Sorge, unser Boot schneidet in den Wellen unter und ein Stück vom Vordeck bricht dabei heraus.
An Bord des getarnten Fischerbootes ist es furchtbar schmutzig, ich habe das Gefühl, am Dreck festzukleben. Es laufen etwa acht in Tücher gehüllte Gestalten herum. Im Ruderhaus liegen zahlreiche Waffen verschiedenen Kalibers, die ausreichen würden einen großen Frachter in Bedrängnis zu bringen.
Ich hocke auf einem Poller und gebe mich beherrscht und selbstsicher, was ich selbstverständlich nicht bin. Fuß und Zahn beginnen zu schmerzen. Ich müßte die blutende Wunde an der Ferse verbinden, habe aber kein Hemd an, das ich zerreißen könnte.

● Besonderes Interesse haben die Südseekinder an dem kleinen Jungen mit den hellen Haaren. Kym hat sich schnell an unser Schiffsleben gewöhnt. Sein Regencape hat er mit »Nichts« getauscht, und das Miniaturboot läßt auch die elektrische Eisenbahn in Vergessenheit geraten.

Plötzlich dampfen die Piraten davon. Wir sind dem nahen Tod entronnen. Kym weint noch stundenlang im Bett.

Vielleicht hätten die Piraten es gerne, wenn ich zittern würde wie Espenlaub, aber den Gefallen tue ich ihnen nicht. Als meine Sinne klarer werden, schießt mir zuerst durch den Kopf: Was werden sie uns wegnehmen? Alle beweglichen Gegenstände ohnehin. Unser Boot? Und was werden sie mit uns tun? Diesen Gedanken wage ich nicht weiter zu denken. Die Piraten würdigen mich keines Blickes. An Deck liegt ein nasses Fischernetz, nach Fisch riecht es nicht an Bord. Ich sehe Astrid in unserem Cockpit mit den beiden gewehrbewaffneten Männern... Sonne, Himmel... mir wird schlecht.
Nach knapp einer Stunde Schleppfahrt geschieht etwas, was mir bis heute unerklärlich geblieben ist: Das Fernglas wandert zwischen der Crew hastig von Hand zu Hand. Schließlich springt der »Kapitän« mit dem Glas in der Hand aufs Deckhaus, der Oberbandit hinterher. Abwechselnd schauen sie durchs Fernglas – immer in Richtung Borneo-Küste. Die auf dem

»Nicht immer bleibt ein Fischerboot friedlich. Im Handumdrehen kann daraus ein Piratenschiff werden. Mit Folgen.«

Wir haben eine unbewohnte Insel erobert! Solange wir dort bleiben, können w

…s als »Landesfürsten« fühlen. Doch wir genießen einfach die Unberührtheit.

Vordeck versammelte Mannschaft schreit durcheinander.
Dann geht alles sehr schnell. Astrids Bewacher werden zurückgepfiffen (mit eigenem Boot schnellstens an Bord geholt), die Leine zur »Kathena faa« gekappt, und ich darf ins Wasser springen und schwimmend mein Boot erreichen. Nach ein paar kräftigen Zügen, die für mich befreiend sind, klettere ich übers Heck an Bord. Der Pirat dampft mit full speed davon. Wir auch, mit Maschine und Segel, in entgegensetzter Richtung. Kym liegt hernach in meiner Koje auf dem Rücken. Alle Glieder weit von sich gestreckt, schaut er uns apathisch an. Er versucht zu reden, bringt aber nichts raus. Astrid weint bitterlich. Ich verbinde meine Wunde. – Es dauert lange, bis dieses lähmende Entsetzen von uns weicht.
Viel später, in Jeddah in Saudi-Arabien, halten uns deutsche Bekannte eine Zeitungsmeldung vor: »Piraten töteten Seglerfrau. Philippinische Piraten haben die Frau des norwegischen Weltumseglers Peer Tangvald ermordet. Zeitungen in Oslo meldeten am Montag, die 26 Jahre alte Lydia Tangvald sei am 20. Februar nördlich der Insel Bancoran in der Sulu-See an Bord ihrer Yacht durch Schüsse tödlich verletzt worden. Tangvald und der dreijährige Sohn des Paares seien in Sicherheit.« Eine Familie wie wir, ein Schicksal wie unseres, nur mit tödlichem Ausgang.
Ein wunderschöner Tag folgt mit leichter Brise und wolkenlosem Himmel. Wir ankern gegenüber einem Dorf vor der Insel Tigabu. Die Bewohner schenken uns Kokosnüsse und Hühnereier. Doch wir tun uns schwer, das Mißtrauen zu überwinden. Die Unbefangenheit ist dahin. Wir berichten unser Abenteuer einem Funker der Sabah-Polizei, der die Bewegungen der Piraten in der Sulu-See beobachtet und weitergibt. Lustlos schippern wir an der Westküste Borneos hinunter. Dann: Singapu Malaysia. Noch immer beherrscht uns die Erinnerung an das schreck liche Erlebnis.
Die große Begeisterung kommt erst wieder im Indischen Ozean auf. Vorbei an Afrika, über das Rote Meer, den Suez-Kanal segeln wir ins Mittelmeer. Am 13. Juli 197 legen wir in Beaulieu, Südfrankreich, an.
Unsere Weltreise ist zu Ende. 144 Inseln und 20 422 Seemeilen liegen in unserem Kielwasser. Wir setzen uns in den Zug nach Düsseldorf und beginnen unser Alltagsleben wieder. Aber wir wissen ... wir werden es wieder wagen, irgendwann irgendwohin in Richtung Abenteuer.

● Unser Segelschiff hält sich tapfer auf der langen Fahrt und trotzt sogar einem rasenden Taifun, der uns beinahe zur Aufgabe gezwungen hätte. Unsere Slup bringt uns sicher rund um den halben Erdball. Wir sind richtig stolz auf sie, wenn wir die schöne »Kathena faa« draußen auf dem Meer schaukeln sehen.

KAJAK

Zwei Sekunden Todesangst

Durch die weiße Gischt tosender Gebirgsbäche rasen leichte Kunststoffboote. Die Männer darin brauchen ihre ganze Kraft, Konzentration und jede Menge Mut. Besonders wenn sie das höchste Gebirge der Erde auf nie befahrenen Flüssen entdecken wollen.

KAJAK

Von Otto Huber

What is this? – mißtrauisch klopfte der nepalesische Zöllner im Flughafen von Kathmandu an die zwei Meter langen Plastikröhren, die wir ihm als unser Fluggepäck auf die Abfertigungsbarriere geschoben hatten. Erst dem Chef der Flughafen-Zollbehörde konnten wir klarmachen, daß es sich weder um amerikanische Raketen noch um Helikopterflügel, sondern um harmlose zerlegbare Polyester-Kajaks handelte, mit denen wir Himalaya-Flüsse befahren wollten. Die Reaktion war ein eher mitleidiges Kopfschütteln, doch das Gepäck wurde nun endlich freigegeben.

Dieses Kopfschütteln sollten wir in den nächsten Tagen noch öfter erleben. Die Nepalesen haben sich inzwischen daran gewöhnt, internationale Bergexpeditionen zu Dutzenden im Himalaya herumklettern zu sehen. Auch die zahlreichen Frauen-Expeditionen mit ihren teils waghalsigen Unternehmungen regen niemanden mehr auf, und die zweimal jährlich mit viel Publicity und wenig Erfolg operierenden japanischen »Yeti-Expeditionen« finden eigentlich nur noch in Europa Beachtung.

Unsere Kajak-Karawane schien für Nepal jedoch eine echte Sensation zu sein. Das mag daran liegen, daß in diesem Land die Flüsse in allen Religionen eine große mystische Bedeutung haben. Außerdem können die meisten Menschen in Nepal nicht schwimmen. Für sie bedeuten die reißenden Wasser eine todbringende Gefahr. Kein Wunder, daß man uns in den Hochtälern des Himalayas für Selbstmord-Kandidaten hielt. Wir, die vermeintlichen Kamikaze im Boot, waren drei abenteuerlustige, wildwasser- und hochgebirgserfahrene Globetrotter aus München.

Der Trisuli-Fluß war das erste Ziel unserer Expedition. Von Kathmandu fuhren wir mit einem gemieteten Kleinbus auf der staubigen Bergstraße nach Trisuli-Basar. Am Abend stand unser Lager auf einem abgeernteten Reisfeld am Fluß. Bald prasselte das Feuer, und unser Sherpa-Koch verwöhnte uns mit einem feurig-scharfen Reisgericht. Am nächsten Morgen kletterten wir unter den neugierigen Blicken der Talbewohner erstmals in unsere Boote. Der Fluß führte wenig Wasser – gerade richtig für eine Erstbefahrung. Das Wasser war klar und nicht allzu kalt. Schwallstrecken wechselten mit slalomartigen Passagen, in denen mächtige Felsblöcke zu einem sportlichen Zickzack-Kurs zwangen. Ein herrliches Wildwasser-Vergnügen vom Niveau einer Trainingsfahrt. In der Ortschaft Trisuli-Basar warteten Menschentrauben auf der Straßenbrücke. Zwei- bis dreihundert Schaulustige harrten seit Stunden aus, um die »verrückten« Deutschen zu sehen. Zum Gaudium der Zuschauer drehten wir Eskimorollen, was einige begeisterte Dorfbewohner dazu veranlaßte, uns von der Brücke aus Bananen zuzuwerfen, ein süßes Honorar für unser Wasser-Varieté. Grünlich-graue Wolken am Himmel und der heiße böige Wind am nächsten Tag ließen nichts Gutes ahnen. Kaum waren wir die ersten Kilometer in die Schlucht eingefahren, da brach ein Tropengewitter über uns herein. Schlagartig wurde es dunkel. Nur die grellen Blitze tauchten die Felswände in

Donner und Blitze brachen über uns herein. Lehmig-gelbe Fluten gurgelten um die Boote. Das Wasser wurde tückisch.

ein gespenstisches Licht, und grollender Donner wälzte sich über die Hänge. Dicke, warme Regentropfen klatschten auf die Boote. Im Nu verschwanden die Ufer hinter einem dichten Regenvorhang. Lehmig-gelbe Fluten gurgelten um die Felsen. Das Wasser wurde tückisch und unberechenbar wild. An Weiterfahrt war nicht zu denken. Unter überhängenden Felsen suchten wir Schutz für die Nacht. Und das war gut so. Schwere Baumstämme und Äste trieben im Wasser.

Paradiesisch dann das Tal am nächsten Morgen. Der Urwald dampfte an den Berghängen. Auf den meterlangen hellgrünen Moosflechten glänzten die Wassertropfen in der aufgehenden Sonne. Eine Herde wilder Affen turnte mit lautem Geschrei in den Luftwurzeln mächtiger Bäume herum. Fast lautlos glitten wir durch die zauberhafte Landschaft und konnten die exotisch-bunten Wasservögel

obachten, die zu Hunderten das 'er des Trisuli bevölkerten. Nur e blankgescheuerten Felsen erinrten daran, da sich in der Monnzeit enorme Wassermassen ırch die Schlucht zwängen. nerhalb 24 Stunden kann dann er Wasserspiegel um zehn Meter eigen, und aus dem Wanderfluß ırd ein reißender Strom. Nur eien Bruchteil dieser Gewalt hatten ir erlebt.

igentlich wollten wir in Pokhara, ıner traumhaft schön gelegenen tadt am Fuße des 7000 Meter hoen heiligen Berges Machapuchae, einen Rasttag einlegen. Doch er Seti-Khola, ein munterer Gletcherfluß mit milchig-weißem Vasser, der vom 8000 Meter hoen Annapurna kommend durch las Tal fließt, ließ uns keine Ruhe. Wir mußten wieder in die Boote, ıicht ahnend, daß dies die aufregendste Erstbefahrung der ganzen Expedition werden sollte. Schon nach der ersten Flußbiegung entdeckten wir seltsame schwarze Felsen im Fluß. Als wir näher kamen, bewegten sie sich. Wir waren ratlos, fuhren sicherheitshalber ans Ufer heran. Plötzlich sprang einer der schwarzen Brocken aus dem Wasser: ein mächtiger Wasserbüffel! Wir paddelten langsam darauf zu. Wutschnaubend wandte sich der Leitbulle in unsere Richtung, die Hörner drohend zum Angriff gesenkt. Einen Stoß dieses Schädels hätten unsere Kajaks nicht überstanden. Zum Glück stob der Rest der Herde in wilder Panik davon, so daß wir mit ein paar schnellen Paddel-

● Unsere Kajaks hatten sonderliche Transportmittel. Einen Elefanten auf der Rückreise und einen Sherparücken beim Aufstieg. Der kleine Träger stürzte nicht ein einziges Mal auf der gewagten Klettertour. Das hätte auch das Ende der Wildwasserfahrt bedeutet. Vor der Kulisse des Dachs der Welt machten wir Rast.

»Mit den Booten durch einen stockfinsteren Tunnel! Mir wurde flau im Bauch – zwei Sekunden Todesangst!«

schlägen aus diesem Gefahrenbereich entkamen.
Kurze Zeit später verengte sich der Fluß zu einer Klamm mit senkrechten Wänden. Das Gefälle nahm zu, die Passagen wurden schwieriger und unübersichtlicher. Unbarmherzig brannte die Sonne auf unsere Schutzanzüge aus Neopren. Zur Abkühlung drehten wir Eskimorollen, bis Hans, unser Kameramann, auf der Suche nach einem geeigneten Standplatz für die Kamera hinter einem Felsblock eine männliche Leiche im Wasser fand. Ihrem Zustand nach mußte sie schon einige Tage im Fluß gelegen haben. Nach diesem makaberen Fund verzichteten wir eine Zeitlang auf Abkühlung.
Plötzlich war der Fluß verschwunden! Gewaltige Felsbrocken türmten sich vor uns auf. Ein mächtiger Bergsturz, vielleicht die Folge eines Erdbebens, hatte hier den Grund der Schlucht aufgefüllt. Ratlos kletterten wir auf den haushohen Blöcken herum und suchten das Wasser – unsere Straße. Auf mehreren hundert Metern Länge war der Fluß nicht mehr zu sehen. Irgendwo unter uns mußte er aber doch weiterfließen. Endlich entdeckte Hans einen schmalen Kamin, in dem wir unsere Boote abseilen konnten. Wir erreichten einen Tunnel, in dem der Fluß mit mäßiger Geschwindigkeit dahinfloß. Ab und zu drang durch ein Felsloch etwas Tageslicht, dann war es wieder stockdunkel. Ich hatte ein flaues Gefühl im Magen. Ein spitzer Fels hätte den Kajak aufschlitzen können. Was die Strömung mit uns hätte anstellen können, trieb mir den kalten Schweiß aus den Poren. Und dann das Geräusch des tobenden Wassers. Wir konnten uns kaum verständigen. Plötzlich ein Schrei. Fred war etwas Kaltes, Glattes über Schulter und Gesicht geglitten. Eine Schlange? Oder nur eine Liane, vom Hochwasser dorthin gespült?
Eine abenteuerliche und gefährliche Route. Hans versuchte uns Mut zu machen, indem er behauptete, man könne ja, wenn der Tunnel nicht weiterginge, wieder flußaufwärts paddeln. Wohl eher Zweckoptimismus als ernste Überlegung – der Tunnel war manchmal kaum einen Meter breit. Doch wir hatten Glück. Nach bangen Minuten erreichten wir eine Grotte, die den Ausgang der Schlucht bildete. Die Sonne hatte uns wieder. Endlich.
Wenige Kilometer flußabwärts weitete sich das Tal zu einem breiten Kessel. Hier erwartete uns die nächste Überraschung. Das brodelnde Wasser schoß mit starkem Gefälle bergab und prallte mit voller Wucht auf die quer zur Strömung stehende Felswand. Erst in letzter Minute bemerkten wir die tödliche Falle, die sich vor uns auftat: Das Wasser zog nicht seitwärts ab, sondern schoß geradeaus weiter, direkt in ein rundes Felsloch von gut zwei Meter Durchmesser. Der starke Sog hätte uns unweigerlich hineingerissen. Doch unser Abstand von wenigen Metern genügte fürs Überleben. Die Vorstellung, daß ein Boot hier hätte kentern können, ließ mich zum zweiten Mal an diesem Tag in Schweiß ausbrechen. Es dauerte noch lange, bis wir endlich einen Durchstieg durch die Felswand fanden, die Boote aufgeseilt und nach mühsamer Tragearbeit wieder zu Wasser gebracht hatten. Bei Einbruch der Dunkelheit erreichten wir nach zehnstündiger Wildwasserfahrt völlig zerschlagen die Autostraße. Zu unserem nächsten Exkursionsstartort jedoch führte keine Straße mehr.
Zwischen den beiden über 8000 Meter hohen Himalayariesen Dhaulagiri und Annapurna liegt die 7000 Meter tief eingeschnittene Kali-Gandaki-Schlucht. Sämtliche großen Flüsse im Himalaya entspringen dem tibetanischen Rand-

● Unsere Abfahrt wurde zum Volksfest. Hunderte bestaunten unseren Todesmut. Die Nepalesen hielten uns für potentielle Selbstmörder. So verrückt war in der Tat noch niemand vor uns, hier mit dem Kajak zu fahren.

10 000 Kubikmeter Wasser durchlaufen die Schlucht in einer Sekunde. Zur Monsunzeit wäre unser Plan unmöglich.

gebirge. Sie flossen schon von Nord nach Süd, bevor der Himalaya entstand. Der Faltungsprozeß des Gebirges ging langsam vor sich, so daß sich die Flüsse in gewaltige Schluchten eingraben konnten.
Die Kali-Gandaki-Schlucht ist die eindrucksvollste unter ihnen. Sie gilt als die tiefste Schlucht der Welt. Der Fluß befördert im Sommer, zur Zeit des großen Monsuns, ungeheuere Wassermassen. Im Unterlauf, nahe der indischen Grenze wurden im August fast 10 000 Kubikmeter pro Sekunde gemessen. Im Vergleich dazu nehmen sich die 9 Kubikmeter Wasser pro Sekunde, die durch die olympische Kanustrecke im Eiskanal in Augsburg fließen, recht bescheiden aus. Die großen Flüsse des Himalayas sind im Sommer absolut unbefahrbar. Nur im Frühjahr und im Spätherbst, wenn nur etwa 10 – 20 Prozent der Höchstwassermenge vorhanden sind, kann man an Kajak-Fahrten denken.
Die Erstbefahrung dieser gewaltigen Schlucht sollte der Höhepunkt unserer Expedition werden. Zum Kali-Gandaki muß man zu Fuß. Wir marschierten auf einem alten tibetanischen Handelsweg von Pokhara nach Tatopane, unserem Startort am Kali-Gandaki-Fluß. Unsere Karawane bestand aus drei Sherpas, neun Trägern und zwei Sherpani, Trägerinnen, die trotz der schweren Lasten, die sie schleppten, mit ihrem fröhlichen

Eine Karawane brachte uns zum Einsatzort. Vor uns lagen einhundertfünfzig Kilometer Wildwasser mit mächtigem Gefälle.

Lachen und lustigem Geplapper stets für gute Stimmung sorgten. Ausgerechnet dem Kleinsten der Träger wurden die beiden über zwei Meter langen Teile des zerlegbaren Kajaks als Traglast zugeteilt – keine leichte Aufgabe, wenn man nur ganze 155 Zentimeter mißt. Nach fünf Tagen Anmarsch sahen wir den Kali-Gandaki zum ersten Mal. Ein graubrauner Gletscherfluß mit gewaltigem Gefälle. Der Höhenmesser zeigte 1400 Meter an. Vor uns lag die 150 Kilometer lange Schlucht, und keiner von uns hatte die geringste Vorstellung, wie der Fluß nach der nächsten Biegung aussehen würde. Wir wußten nur, daß unser Ziel, die Straßenbrücke von Rhamdi-Ghat, etwa 300 Meter über dem Meeresspiegel liegt. Das bedeutet ein Gefälle von 1100 Höhenmetern: Wasserfälle, Schwallstrecken, Felsbarrieren und weiß der Himmel, was noch auf 150 Kilometern – noch nie gesehen oder beschrieben.
Sorgfältig sortierten wir am nächsten Morgen die Ausrüstung: Schlafsack, Kleidung, Verpflegung, Kameraausrüstung, Haken, Karabiner und ein langes Seil wurden in den wasserdichten Säcken verstaut. Kajaks verlieren mit jedem Kilogramm Balast mehr von ihrer Wendigkeit. Daher war wirklich nur das Allernötigste in den Booten. Trotzdem waren die Kajaks schließlich so schwer geworden, daß wir sie nur zu zweit zum Wasser tragen konnten. Die Vorstellung, mit so einem schweren Kajak Wildwasserstrecken im fünften Schwierigkeitsgrad bewältigen zu müssen, machte mir Angst.
Wir verabschiedeten uns von den Trägern, die wieder zurück nach Pokhara gingen. Von jetzt an waren wir auf uns allein gestellt. Alles, was wir in den nächsten fünf Tagen benötigten, war in den Booten. Die Dorfbewohner wollten uns wohl den Weg ins Ungewisse erleichtern. Wir wurden jedenfalls von drei Gurung-Mädchen mit Blumen verabschiedet. Die Blumenkränze um unsere Schultern sollten uns Glück bringen und die bösen Geister des Flusses von uns fernhalten.
Glück konnten wir brauchen. Von der ersten Minute an forderte der Kali-Gandaki volle Konzentration. Der Fluß hatte ein abenteuerliches Gefälle, wie man es in europäischen Wildflüssen kaum antrifft. Die Schwallstrecken waren mit großen Felsblöcken durchsetzt, die in dem braunen Gletscherwasser kaum zu sehen waren. Dazwischen wuchtige Abfälle mit gefährlichen

● Unsere schwerbepackten Boote sausten in gewagten Wasserfällen und Schwällen zu Tal. Zwischen den gischtumspritzten Felsen blieb manchmal nur ein Paddelende sichtbar – atemraubende Augenblicke für die Fahrer.

Wildwasser total. Keine Fahrt hätte uns mehr gefordert, kein Fluß gewaltiger sein können als der Kali-Ghandaki.

lang ich mich über Wasser würde halten können. Meine Freunde konnten mir nicht helfen. Langsam zerrte mich die Wucht des Wassers Zentimeter für Zentimeter aus dem Boot. Dann ein heftiger Schlag – die Spritzdecke war aufgeplatzt, Wasser strömte ins Boot, und ich stürzte in den Fluß. Unendlich lange waren die Sekunden in der schäumenden Gischt des Wirbels, hilflos der Wasserwucht ausgesetzt. Irgendwie – nach einer Ewigkeit, wie mir schien – gelang es mir, nach unten aus dem tödlichen Wasserstrudel wegzutauchen. Das Boot! Mein Boot mit der Ausrüstung mußte aus dem brodelnden Wasser gefischt werden. Diese mühsame Aufgabe ließ kein Grübeln darüber zu, daß ich mich gerade sehr nah am Jenseits befunden hatte.

Die letzten Tage auf dem Kali-Gandaki brachten keine besonderen Schwierigkeiten mehr. Nach fünftägiger Flußfahrt erreichten wir die Straßenbrücke von Rhamdi Ghat. Ich war müde und abgekämpft. Wir waren alle drei sehr schweigsam – es wollte sich nicht die rechte Freude über unser gelungenes Unternehmen einstellen. Eine der schwierigsten Kajakfahrten, die die Wildflüsse der Welt bieten können, war vorbei, ein Abenteuer, das vielleicht zu den letzten der Erde zählt, auf der die Zivilisation mit Eifer dabei ist, die »weißen Flecke« auf der Landkarte verschwinden zu lassen. Ich war einfach wehmütig – von diesem unbestimmten Gefühl beherrscht, daß mich ein Flugzeug bald zurück in die betonierte Zivilisation Mitteleuropas bringen würde.

● Sekunden entscheiden, um das Boot heil aus dem tobenden Wasser zu bringen. Wie von unsichtbaren Kräften geschleudert, tanzt der Kajak durch die lehmige Brühe. Wer nicht aufpaßt, verliert in der wirbelnden Flut Boot und Ausrüstung – gefährdet sein Leben.

Feue

rball

Lautlos und ruhig ist die Fahrt im Ballon. Winzig klein die hektische Welt unten. Kein Trip für Sensationshascher. Nur wenn die Wolken kommen, braucht der Ballon einen ganzen Mann.

BALLONFAHREN

Von Alfred Eckert

Eigentlich wollte ich in die Poebene. Daß ich jetzt in einer eiskalten Mai-Nacht mitten auf einem Gletscherfeld in den Schweizer Alpen die Nacht in einem selbstgebauten Iglu verbringe, war nur bedingt meine Schuld. Wie hätte ich denn auch die Gletscherspalte unter der Schneedecke sehen können. Und dabei fing das ganze Unternehmen so harmlos, gemütlich und vielversprechend an.

An einem traumhaft schönen Maitag wollte eine Gruppe Fesselballonfahrer von Bern aus zu einer Alpenüberquerung starten. Der strahlende Frühsommertag hatte jedoch einen Nachteil – es wehte nicht das geringste Lüftchen. Stundenlang standen die Ballone über der Stadt. Und schließlich landete einer um den anderen. Heute würde wohl kein Ballon über die Alpen fahren. Auch ich setzte meine »Augusta VI« im Garten einer Schule auf. Von unserer Dreierbesatzung stieg ein besonders schwergewichtiger Passagier aus, und die Mitfahrerin, für die es die erste Ballonfahrt überhaupt gewesen wäre, kletterte ihm schon enttäuscht hinterher. Halt, einen Moment noch! Wir werden noch einen Versuch wagen, zu zweit. Traudi Santschi, die Hausfrau aus Bern, strahlt wieder übers ganze Gesicht, als wir für unseren »Aussteiger« Ballastsäcke einladen und ich ihr erkläre, daß in dreitausend Meter Höhe beste Windbedingungen herrschen sollen – das versprachen wenigstens die Meteorologen. Keine Wolke am Himmel und oben eine steife Brise aus dem Norden – ideale Bedingungen für eine Alpentraversierung.

Und der Wetterbericht hatte recht. In etwa 3000 Meter Höhe nimmt der Ballon Fahrt Richtung Süden. Mit 30 Stundenkilometern schweben wir über eine wundervolle Hochgebirgslandschaft: Die Schneefelder gleißen im Sonnenlicht, und in Talnähe schimmern die Wiesen im Frühjahrsgrün. Dieses Ballonfahrerglück dauert leider nicht lang. Als wir noch 1000 Meter höher stehen, entdecke ich die Wolkenwand im Süden. Weiterfahren ist sinnlos, besonders mit einem Neuling an Bord will ich kein Wetterrisiko eingehen und mich weiter in den Süden wagen. Am besten, wir landen noch bei Tageslicht. Ganz in der Nähe ist der Simplon-Paß, und wenn es mir gelingt, den Ballon dicht am Simplon-Hospiz, das genau in Fahrtrichtung liegt, aufzusetzen, wird der Tag für uns ohne allzu große Strapazen nach einer schönen Alpenfahrt wieder in Bern enden.

Am Grat zwischen Lagginhorn und Weißmies lasse ich den Ballon in den Windschatten fallen und kappe das Schleppseil. Wir sinken mit drei Metern pro Sekunde auf ein abfallendes Schneefeld. Es gilt jetzt aufzupassen, daß der Ballon nicht wieder vom Aufwind erfaßt wird und abtreibt. Deshalb lasse ich die »Augusta VI« mehrmals »springen«, also einige Male hintereinander aufsetzen. So will ich über die steile Felswand hinauskommen und möglichst nahe ans Hospiz gelangen. Aber da passiert das Mißgeschick. Beim Aufsetzen sackt der Ballonkorb plötzlich unter uns weg und bleibt in einer Spalte festgeklemmt sitzen. Wir stecken einige Meter tief im blauen Eis! Das scheinbare Schneefeld ist nichts anderes als eine dünne Schneeschicht über dem tückischen Weißmiesgletscher. Unter dem Korb zeigt sich die ins Dunkle verlaufende Gletscherspalte. Die junge Frau sieht mich mit großen, entsetzten Augen an. Aber in diesem Moment habe ich gar keine beruhigenden Worte für sie. Ich weiß nur: Schnell weg hier! Als auch das letzte Sandkorn des Ballastes über Bord geht, ohne daß der Ballon sich einen Millimeter bewegt, bleibt uns nur noch eines: aussteigen, und zwar plötzlich. Der Wind kann die Ballonhülle an der scharfen Eiskante wetzen, und wenn das Gas austritt, sacken wir vielleicht noch tiefer in die Gletscherspalte.

Traudi Santschi lächelt tapfer, als ich sie mit dem Haltetau an mich anseile. Ich ziehe mich als erster an den Ballonleinen hoch und zwänge

● Heißluftballone steigen mit Hilfe des »Bunsenbrenners« in die Lüfte. Mit ihnen lassen sich keine weiten Reisen unternehmen, dafür sind sie aber ideale Wettkampfgefährten. Ob ein besonders augenfälliges Design die Kampfrichter beeindruckt, sei dahingestellt.

Mit Feuer und Flamme sind die Heißluftballonfahrer bei Wettbewerben dabei.

nten Luftballone am Firmament sind auch für die Zuschauer ein Spektakel.

● **Die Welt aus der Vogelperspektive. Ballonfahrer schweben ruhig und langsam dahin, streifen über Berg und Tal, Stadt und Land. Sie sind dem Erdboden fern, aber der Natur ganz nah.**

mich zwischen Eis und Ballonhülle über die Gletscherkante. Meine Mitfahrerin bindet alle Gegenstände unserer Ausrüstung, die ich ihr angebe, an ein zweites Seil, und ich ziehe alles nach oben. Wir liegen in 4000 Meter Höhe, das Simplon-Hospiz ist unerreichbar weit weg, und es wird bald dämmerig werden. Wir müssen die Nacht hier oben verbringen. Es ist kalt in 4000 Meter Höhe - auch im Mai. Wir müssen also versuchen, noch ein gutes Stück tiefer zu kommen. Je niedriger wir unser Nachtlager aufschlagen können, desto weniger leiden wir unter der Minustemperatur. Wir sind schon ausgepumpt, als wir uns beide auf den Weg in die Tiefe machen, aber wir müssen den letzten Rest Tageslicht nützen. Der Neuschnee auf dem Gletscher ist naß. Tagsüber in der Maisonne angetaut, friert jetzt eine dünne Eishaut über die Oberfläche. Das Gehen ist beschwerlich. Um zu testen, ob gefährlich aussehende Stellen auch tragen, werfe ich immer wieder einen Ballastsack voraus. Bis wir den Moränenrand erreichen, ist meine Begleiterin erschöpft, aber wir müssen uns noch ein Stück weiter kämpfen. Ich wickle das Seil um die Hüften der Frau, sie legt sich auf den Boden und läßt sich eine Seillänge abrollen. Unter anderen Bedingungen hätte dies ein amüsantes Schneespiel sein können, aber für Traudi bedeutet diese Fortbewegungsart Kraftersparnis. Auf diese Weise schaffen wir noch 800 Meter in eine Region, wo freiliegende Felsen uns den Bau eines Notquartiers für die Nacht erleichtern. Die Handschuhe sind schon verlorengegangen, und ich muß unser »Schneebiwak« mit den bloßen Händen graben. Ein Eskimo hätte für unser »Iglu« nur ein mitleidiges Lächeln übrig, aber für uns bedeutet das Schneeloch ein bißchen Schutz vor der nächtlichen Kälte, die wir beide mit Schrecken erwarten. Traudi ist von der Rutschpartie ganz durchnäßt, und meine Kleidung ist von der Anstrengung naß geschwitzt. Je kälter es wird, desto steifer werden unsere Kleider. Da hilft nur massieren, immer wieder die erstarrenden Glieder reiben und kneten - und ja nicht einschla-

fen! Es fällt uns beiden immer schwerer, die Augen offen zu halten. Jetzt heißt es reden, reden, reden. Nur keine wohlige Stille aufkommen lassen, die zum Schlafen verführt. Der Zeiger der Uhr rückt nicht voran. Diese Nacht läuft im Zeitlupentempo ab. Traudi muß mir Geschichten erzählen, wir sagen Gedichte auf und erfinden Frage- und Antwortspiele.
Ich erzähle Traudi Santschi, die heute zum ersten Mal mit einem Ballon aufstieg und jetzt in dieser mißlichen Situation ist, aus meiner langjährigen Ballonfahrerpraxis: von meiner weitesten Ballonfahrt bisher, die fast 1000 Kilometer von Augsburg nach Bordeaux führte.
Ich erzähle aus der Geschichte der Ballonfahrt. Von Lorenco de Gasmao, dem brasilianischen Mönch, der sich 1709 als erster Mensch vom Erdboden erhob, mit heißer Luft als »Treibstoff«. Von den Brüdern Montgolfier. Vom ersten Gasballon. Von der Ballonbegeisterung im 19. Jahrhundert und von meiner eigenen. Die junge Frau schaut sehr abweisend, als ich ihr zu erklären versuche, daß es gerade die Unmöglichkeit der Steuerung ist, die das Fahren im Ballon so spannend und erlebnisreich macht. Ich verstehe natürlich ihre Skepsis in unserer Situation. So stellt man sich die Eigenwilligkeit von Ballon und Wind ja nun nicht gerade vor – eine Landung in der Gletscherregion.
Aber ich will meine Begleiterin ja aufmuntern und erzähle ihr deshalb ein erfolgreiches Ballon-Erlebnis: meine erste Alpentraversierung.
Es ist schon etliche Jahre her, als uns Ballon-Fans die Idee packte, einen Rekordversuch zu wagen.

»Das sind Traumreisen, wie von einer Windsbraut umarmt, still treibend in der dritten Dimension, leicht und unfaßlich.«

Die Alpen waren noch nie an einem Tag von Ebene zu Ebene in einem Ballon überquert worden. Unser Startort war Augsburg, das bedeutet 100 Kilometer bis zum Alpenrand und 500 Kilometer bis in die Poebene. Für unser Vorhaben brauchten wir einen Superwind. Er mußte uns in weniger als 10 Stunden über die Berge tragen. Ja, und dieser Wind mußte natürlich auch noch bei gutem Wetter blasen. Wir wollten mit unserem Rekordversuch ja auch ein optisches Erlebnis verbinden.
Wir waren geduldig. Unsere Vorbereitungen nahmen Zeit in Anspruch, doch schließlich lag eine perfekte Ausrüstung für eine Landung im Hochgebirge ebenso bereit wie ein Schlauchboot für eine Notwasserung. Wir warteten mehrere Jahre, bis wir die idealen Bedingungen vorfanden, unter welchen wir die Alpen überqueren wollten. Zu zweit starteten wir am 30. November 1957. Unsere Ausrüstung und 30 Säcke mit je 15 Kilogramm Ballast ließen uns beiden Männern kaum Platz im Korb. Trotzdem trugen uns die 945 Kubikzentimeter Wasserstoffgas schnell zum Alpenrand.
In einer Höhe von 2500 Metern fuhren wir mit 100 Stundenkilometern dahin, viel schneller, als wir erwartet hatten. Und dabei herrschte völlig klare Sicht. Wir konnten die gesamte Alpenregion von Frankreich bis Jugoslawien überblicken. Ein großartiges Erlebnis, ein stilles Glück, das man im Ballon erfährt. Ruhe und Ausgeglichenheit erfüllte uns beide. Wir fühlten uns eins mit dem blauen Himmel über uns, mit der kalten Luft um uns und mit der »Miniatur«-Welt unter uns. Als wir um 11.25 Uhr über dem Monte Disgrazia in 4500 Meter Höhe noch neun Sack Ballast hatten, wußten wir, daß unser Unternehmen glücken würde. Fürs Feiern hatten wir natürlich vorgesorgt. So knallte jetzt der erste Sektkorken an Bord. Vom Lago d'Iseo ab lag Italien unter einer dichten Nebeldecke. In diese unfreundliche Milchsuppe mußten wir jetzt eintauchen, das Mittelmeer war schon nahe. Also, ran an das Ventil und den Ballon nach unten manövrieren. Der Höhenmesser zeigte nur noch 600 Meter an. Verdammt, da müßten wir doch schon den Boden berühren. Ein nicht allzuweit entferntes Wasserrauschen lenkte unsere Gedanken auf das Schlauchboot. Uns war in diesem Moment nicht mehr ganz wohl in unserer Haut. Aber

Wir wollten das richtige Wetter und den richtigen Wind. Darauf warteten wir geduldig. Jahrelang.

● **Die Landung mit dem Ballon ist manchmal recht unsanft. Dabei haben die Fahrer noch Glück, wenn ihr Gefährt auf ebener Erde niedersinkt. Freundliche Landehelfer sind zum Festhalten der »Gasblase« willkommen.**

dann war da auch Hühnergegacker zu hören, und das Federvieh schwimmt ja nun nicht gerade im Mittelmeer. Mit einem etwas unsanften Aufprall hatte uns die Erde wieder. Nach fünfeinhalb Stunden und 462 Kilometern hatten wir italienischen Boden unter den Füßen. Wir waren ganz begeistert von unserer rasanten Fahrt, bei der wir im Schnitt mit 85 Stundenkilometern dahinbrausten. Daß wir nun genauso schnell zu einer menschlichen Behausung kommen würden, davon waren wir gar nicht so überzeugt. Wir waren wirklich in einer Waschküche gelandet. Wir konnten kaum den Ballon über uns sehen. Nun gut, ich machte mich also auf den Weg, während mein Begleiter auf unsere »Augusta« aufpaßte. Von Mast zu Mast einer Stromleitung zu gehen schien mir eine gute Idee. Irgendwann würde ja auch eine Stromzapfstelle zu finden sein. Ich hatte Glück, nach einer kurzen Wanderung querfeldein entdeckte ich ein Bauernhaus. Die Blicke der Bewohner diesem Fremden aus dem Nebel gegenüber, der sich noch nicht einmal verständlich machen konnte, waren mehr als skeptisch. Ich mußte zu Bleistift und Papier greifen, um klarzumachen, weswegen ich hier plötzlich aus der Einsamkeit auftauchte. Als sie die Ballonzeichnung sahen, kam plötzlich Bewegung in die ganze Familie. Alle liefen mit mir zum Landeplatz. Die Skepsis war verschwunden. Lachen, Schulterklopfen und eine Flasche Rotwein – italienische Gastfreundschaft! Unser Vehikel wurde von allen Seiten begutachtet und bestaunt. Die Bauernkinder saßen ganz andächtig im Ballonkorb. Völlig verblüfft waren unsere Gastgeber schließlich, als wir ihnen auf der Landkarte unseren Weg zeigten. Die Fremden sind im Ballon über die Berge gekommen! Verrückt! Das konnten wir auch ohne Worte verstehen. Sie zeigten uns auf der Karte, daß wir jetzt bei Montaldeo, 30 Kilometer nordöstlich von Genua waren. Unsere Befürchtung einer Wasserlandung war also gar nicht so unbegründet gewesen. Feucht wurde der Tag in Italien aber dann doch noch, besser gesagt feucht-fröhlich. Für uns war die erfolgreiche Alpenüberquerung im Ballon Anlaß genug, dem guten Landwein zuzusprechen, die Gastgeber-Familie feierte den Überraschungsbesuch: die beiden Deutschen, die vom Himmel fielen.

»Wir Aeronauten verabschieden unsere Ballone mit ›Gut Land‹, denn oben blieb noch keiner.«

Ja, jetzt hier in unserer kalten Schneeburg würde ich viel drum geben, wenn meine Begleiterin und ich in dem gemütlichen Bauernhaus sitzen könnten. Aber meine Erzählungen halten Traudi wenigstens wach, und ein paarmal lacht sie sogar auf. Das beruhigt mich, und ich bin sicher, daß wir

Die Nacht im Iglu haben wir überstanden. Jetzt müssen wir schnell sein. Wenn der Schnee taut, stecken wir fest.

die restlichen Nachtstunden auch noch überstehen werden. Die Minuten kriechen dahin. Langsam erscheint der Schimmer des Morgengrauens über den Berggipfeln, und wir verlassen unser ungemütliches Nachtlager. Und dann kriechen die ersten Sonnenstrahlen über den Grat. Da durchströmt uns beide ein solches Wärmegefühl, alle Lebensgeister kehren mit einem Schlag zurück. Mit neuem Mut und frischer Kraft stapfen wir wieder los. Wir müssen uns beeilen. Die Sonne strahlt im Mai schon heiß, und der Schnee wird dann schnell weich, so daß jeder Schritt beschwerlich wird. Unser Schuhwerk ist natürlich nicht für eine Gletscherwanderung gedacht, Traudis Strümpfe zerreißen beim Einbrechen in den Schnee an den vereisten Rändern, die Haut an den Beinen wird aufgeschürft. Meine herausgetrennten Jackenärmel bieten nur einen schlechten Schutz gegen weitere Schürfverletzungen. Die Sandsäcke, die wir uns um die Füße wickeln, ersetzen auch nicht ein Paar Schneereifen, wir sinken trotzdem in den Schnee – bei jedem Schritt. Traudi wirkt jetzt schon sehr verzweifelt. Ich versuche ihr Mut zu machen, indem ich von der Suchaktion spreche, die sicher schon längst nach uns läuft. Wir sind ja auch schon nahe an der Zivilisation. Wir sehen schon die Autos auf der Simplon-Straße. Die schnellen Wagen auf der nahen Straße zeigen uns aber, wie entsetzlich langsam wir doch dahinkriechen.

● In schwindelnder Höhe sind die Temperaturen recht frisch. Ein prickelnder Schluck aus der Flasche steigert die Körperwärme. Berauschender als Sekt ist der Blick über die verschneiten Gipfel. Alpenpanorama total.

RICH
ILTHORNBAHN

Nach drei Stunden anstrengendem Fußmarsch ist die Erschöpfung total. Jetzt geht kein Meter mehr, eine Pause muß sein. Traudi schläft sofort ein, während ich versuche, ein paar Kleidungsstücke in der – gottlob – strahlenden Sonne zu trocknen. Bis zu der Steinhütte weiter unten müssen wir heute kommen. Ich überlege gerade, wie lang ich Traudi noch schlafen lassen kann, damit wir diesen Weg bis zur Dämmerung schaffen, da dringt eine Art Engelsmusik an mein Ohr – Motorengeräusch in der Luft! Da taucht schon ein Sportflugzeug über den Bergen auf. Traudi ist wach, und wir winken wie besessen. Aber sie haben uns ja längst gesehen. Ein Ballen fällt in den Schnee: Wolldecken, Wäsche und Verpflegung! Da fließen die ersten Tränen: Erschöpfung, Schmerzen, Erleichterung und Dankbarkeit lassen jetzt Tränen über die Wangen der tapferen Bernerin kullern. Das Sportflugzeug gehört gar nicht zur Rettungsmannschaft. Freunde aus Bern hatten sich unabhängig auf die Suche nach den beiden Vermißten gemacht. Sie drehen jetzt ab und informieren die Rettungsmannschaft. Schon bald taucht der rote Rettungsflieger aus Sitten auf, landet tollkühn am steilen Hang und trägt uns zurück in die Zivilisation. Noch nie war ich so glücklich, die Dächer einer Ortschaft unter mir zu sehen. Noch nie freute ich mich so auf eine Landung inmitten einer menschlichen Siedlung wie jetzt, als der Pilot die Maschine auf dem Landeplatz zum Stehen bringt. Ja, dieses Mal hätte die Reise im Ballon schiefgehen können. Meiner »Augusta VI« hat der Ausflug das »Leben« gekostet. Der weitgereiste Ballon hängt bis heute verlassen in einer Gletscherspalte hoch oben in den Schweizer Bergen.

● Ballonfahrer müssen mit allem rechnen. Besonders damit, daß sie nicht dort landen, wo sie gern möchten. Deshalb müssen sie für eine Wasserlandung ebenso präpariert sein, wie für eine Nacht in den Gipfelregionen des Hochgebirges. Dort kann dann nur noch der Hubschrauber helfen.

Zum Go

SCHATZTAUCHEN

ld der Inkas

Vierzig Meter unter der Wasseroberfläche. Allein auf einem Wrack. Einem Goldtransporter der spanischen Krone. Unermeßliche Schätze sind hier verborgen, gehören dem Finder – vorausgesetzt er birgt sie. Doch meist kommt es anders als geplant...

Von Klaus Gröper

SCHATZTAUCHEN

Als ich mich rückwärts aus dem Schlauchboot kippen lasse, durchzuckt mich der Gedanke: Wahnsinn! Was du da machst, ist glatter Selbstmord... Alles, was ich noch erfassen kann, bevor mich eine Welle verschluckt, bestätigt dieses Gefühl:
Nebelschwaden begrenzen die Sicht auf zehn bis fünfzehn Meter. Meterhohe Dünung läßt das Schlauchboot wild tanzen und an dem Ankertau zerren. Und das besorgte Gesicht von Johnny Carter scheint mir zu signalisieren: Junge, laß es lieber bleiben! Scheiß doch auf das ganze Gold, das da unten liegen soll...
Das sind fast wörtlich die beiden Sätze, die er in den letzten Tagen öfter gepredigt hat. Typisch Johnny. Aus ihm spricht die gute alte Taucherschule, der Sicherheit über alles geht. Nur kein Risiko. Aber genau das ist auch der Grund, warum Johnny für mich so wichtig ist. Auf ihn ist Verlaß. Hunderprozentig. Und diese hundert Prozent werde ich brauchen.
Das Wasser ist schon nach wenigen Metern tiefschwarz. Aber noch brauche ich keine Lampe. Der Anfang meiner Expedition ist Routine – hundert- oder sogar tausendfach erprobt. Während das Ankerseil durch meine Hände gleitet, kontrolliere ich mit Uhr und Tiefenmesser, daß ich nicht zu schnell sinke. Eine kräftige Strömung zerrt an meinem Körper, aber das Seil hält. Werde ich zu spät kommen? Schon seit den ersten Wochen meiner Recherchen wußte ich, daß ich nicht allein nach dem versunkenen Schatz suche. Immer saß mir ein geheimnisvoller Unbekannter im Nacken. In Bibliotheken, Museen oder Marinearchiven – überall suchte er nach den gleichen Berichten, Seekarten, Lageskizzen. Dagegen ließ sich nichts machen. Die Geschichte ist sozusagen vogelfrei – längst historisch, Schulwissen.
Im Jahre 1701 war eine kleine Armada spanischer Goldgaleonen in Havanna (heute Hauptstadt von

● Wenn heute ein Ozeantanker versinkt, verpestet er allenfalls das Meer mit Öl. Doch die alten Segelschiffe transportierten oft unermeßliche Reichtümer. Viele dieser Schiffe sind gesunken, und die Schätze liegen auf dem Meeresboden. Freie Beute für jeden.

Cuba) in See gestochen, beladen mit vielen hundert Tonnen Gold- und Silberbarren. Um die kostbare Fracht vor englischen und holländischen Piraten zu schützen, hatte der spanische König seinen Verbündeten, Ludwig XIV., um Hilfe gebeten. Ein Geschwader französischer Linienschiffe begleitete deshalb die Galeonen. Zielhafen: Cadiz an der südspanischen Atlantikküste. Als sich die Goldschiffe Europa näherten, erfuhr der französische Vizeadmiral Chateau-Renault durch einen Schnellsegler, daß Cadiz von einer großen englisch-holländischen Flotte belagert wurde. Er wich nach Norden aus und versteckte sich in der Bucht von Vigo. Aber die Engländer bekamen Wind von diesem Versteck. Sie drangen in die Bucht ein und versenkten oder kaperten alle französischen Kriegsschiffe. Ein Teil der Galeonen wurde von den Spaniern selbst in Brand gesteckt und versenkt. Neun Galeonen blieben als Beute übrig, vier für die Engländer, fünf für die Holländer. Bei der Fahrt nach England fuhr dann das reichste Schatzschiff, die St. Christo de Maracaibo, auf ein Riff und sank innerhalb von Minuten. Trotz

Sie waren zu siebt und sie waren schneller. Sie tauchten an der richtigen Stelle mit dem richtigen Gerät – nach unserem Schatz.

dieser Katastrophe brachte die Seeschlacht von Vigo der englischen Königin Anna 355 kg Gold und 228 000 kg Silber ein. Da kann sich jeder ausrechnen, daß hier auf dem Meeresgrund noch ein Vermögen liegen muß.

Es war keine leichte Aufgabe, das Riff ausfindig zu machen, an der die St. Christo de Maracaibo gescheitert ist. Da gab es plötzlich Lücken in den Archiven – Teile waren ausgebrannt, ganze Bände vermodert und zerfressen. Manchmal fehlten auf geheimnisvolle Weise ganze Seiten – sie waren einfach herausgerissen worden. Hat-

● **Der Einstieg in ein Wrack muß mit äußerster Vorsicht erfolgen. Verrostete Luken und verklemmte Scharniere können ein Schatzschiff zur Falle werden lassen.**

ten sie die entscheidenden Hinweise enthalten? Wer wollte da nicht, daß jemand den Schatz findet? Trotzdem hatte ich Glück: Wie durch ein Wunder fiel mir das Logbuch des Admiral Rookes, Vizebefehlshaber des damaligen englischen Geschwaders, in die Hände. Es enthielt eine Skizze der Unglücksstelle und den Hinweis, daß ein Nackttaucher seines Flaggschiffes »Monmouth« versucht hatte, einige Goldkisten der gesunkenen spanischen Galeone an die Oberfläche zu bringen. Vergebens. Hut ab vor diesen harten Burschen, die vor fast 300 Jahren ohne Aqualunge, ohne Luftzufuhr von oben und ohne Tauchanzug ins Wasser stiegen. In der Bucht von Vigo brachten sie noch manchen Barren in Sicherheit, bevor sich in den Jahrzehnten und Jahrhunderten nach jener mörderischen Schlacht meterhohe Schlammschichten über die Reste der spanischen Schatzschiffe legten. Da kommt heute so leicht niemand mehr heran. Anders war und ist das mit der St. Christo de Maracaibo: Damals lag das Schiff für die englischen Taucher zu tief. Heute müßte das Wrack, da an dieser Stelle der Küste kein Fluß Schlammassen ins Meer ablagert, relativ leicht zu finden sein. Inzwischen habe ich den Grund erreicht. Fast 40 Meter tief. In diesen Breiten ist das Wasser im Oktober schon empfindlich kalt. Aber in meinem Neopren-Anzug merke ich nichts davon. Schlick wirbelt auf und versperrt mir jede Sicht. Im Schein meiner Lampe bekomme ich das Gefühl, immer noch sehr schnell abzusinken. Da ich den Grund spüre, können mich

● Das algenbewachsene Schaufelrad ist das Mahnmal eines lang zurückliegenden Dampferunglücks. Es birgt vielleicht das tragische Geheimnis einer verlorenen Mannschaft oder erzählt von einer geglückten dramatischen Rettungsaktion.

die Millionen nach oben schießenden Schlickteilchen vor der Tauchmaske nicht täuschen. Ein paar Schläge mit den Schwimmflossen bringen mich in klares Wasser. Jetzt muß ich die Ankerleine finden, mit der die anderen ihre Boje befestigt haben. Die anderen... Wieder kommt die Angst hoch: Werde ich zu spät kommen? Obgleich ich damit gerechnet hatte, war das vor zwei Wochen ein Schock für mich gewesen: Bewaffnet mit einem Fernglas fuhren Johnny und ich die Küste nördlich von Vigo ab. Nach einer Fotokopie der Logbuchskizze wollten wir das verhängnisvolle Riff finden und dann abschätzen, wo das Wrack liegen könnte. Nach zwei Tagen hatten wir die Stelle – nur ankerte dort bereits ein Kutter, und mehrmals am Tag verschwanden fünf Taucher unter Wasser. Insgesamt waren sieben Mann an der Arbeit. Mit Unterwasser-Ausrüstungen, Magnetometer und Sauggerät. Das hatten wir auch alles dabei, aber zu zweit konnten wir uns nicht in die Nähe wagen. Jedenfalls nicht, solange die andere Tauchmannschaft regelmäßig unter Wasser war.
14 Tage lagen wir auf der Lauer – eine nervenaufreibende Zeit! Man muß sich das vorstellen: am Ziel sein und zuschauen müssen, wie andere die Früchte der Arbeit ernten... Durch unser Fernglas konnten wir deutlich erkennen, daß sie verschiedene Gegenstände an Bord hievten, zum Beispiel eine alte Kanone, mit Muscheln und Seeanemonen überwachsen. Vermutlich säuberten sie das Metall, um alte Inschriften freizulegen. Herrgott! Hatten sie nun das richtige Wrack gefunden oder nicht? – Und wir mußten ohnmächtig zuschauen...
Aber dann kam unser Tag. Der erste Herbststurm wirbelte das Meer auf und schleuderte gewaltige Brandungswellen an die Felsen.

Als das Wetter zu schlecht zum Tauchen wurde, drehte der Kutter ab. Jetzt ging ich in die Tiefe.

Unmöglich, bei dieser Strömung weiter zu tauchen. Der Kutter suchte Schutz im Hafen von Vigo, nachdem die Fundstelle durch eine Boje gekennzeichnet worden war. Am liebsten wäre ich sofort mit unserem Schlauchboot gestartet, aber Johnny Carter hielt mich zurück. Erst als die Windstärke abgenommen hatte, luden wir unsere Ausrüstung ein und warfen den Außenborder an, noch bevor es hell wurde. Ein vernünftiger Mensch hätte auch jetzt noch die Finger vom Tauchen gelassen. Zu schwer wogte die Dünung. Nebel hatte sich über Riff und Atlantik gelegt. Aber uns blieb keine andere Wahl: Bei besserem Wetter würden auch die anderen sofort wieder starten...
Der Strahl meiner Lampe dringt kaum zwei Meter durch die Finsternis. Ich darf gar nicht an unsere Tauchabenteuer in der Karibik oder im Roten Meer denken. Das warme, weiche Wasser. Die Farbenpracht... Hier unten ist es grau und schmutzig. Wenn die Schwimmflossen zu nah an den Boden kommen, wirbelt Schlick auf und hüllt mich ein. Selbst auf dem Grunde ist die schwere Dünung zu spüren. Eine starke Strömung droht mich weiter ins offene Meer hinauszuziehen. Ich muß mich genau westlich halten...
Dann finde ich die Leine, von der die Boje festgehalten wird. Sie ist am Anker eines Wracks befestigt, das tief im Moder versunken ist. Die Aufbauten und der Mast dieses ehemaligen Segelschiffes sind längst zerfallen. Nur ein Teil des Oberdecks ist noch zu sehen. Im fahlen Licht meiner Lampe sieht das mit weißen Seeanemonen

überwachsene Holz aus, als sei es aus Kautschuk. Das muß sie sein – die spanische St. Christo de Maracaibo. Wir haben sie gefunden! Sind die anderen etwa auch schon an den Gold- und Silberschatz herangekommen? Aus Stabilisierungsgründen wurden die Schatzkisten früher immer ganz unten im Schiff gelagert. Sie müssen also tief im Meeresboden versunken sein. Vorsichtig taste ich mich über den etwas erhöhten Meeresboden. Und dann sehe ich es: Die Taucher haben mit ihrem Saugrohr einen schmalen Gang in den Sand gegraben. Damit er von der Dünung nicht zugeschüttet werden kann, ist er mit Eisenplatten abgestützt. Ich spüre, wie mein Blut stoßweise durch die Adern jagt. Jetzt wird es sich entscheiden, ob meine jahrelange Arbeit in staubigen Archiven umsonst gewesen ist. Ein Blick auf den Finimeter: Noch 100 bar – die Luft reicht also noch für eine halbe Stunde. Hoffentlich halten auch die Eisenbarrieren so lange. Aber ich muß das riskieren...

Zentimeter für Zentimeter treiben mich vorsichtige Flossenschläge vorwärts. Wie eine Nadel sticht der Lampenkegel in das Gewirr aus verfaulendem Holz, rostigem, überwachsenem Eisen, Algenhaufen und Felsecken. Ab und zu liegen Tonscherben herum – aber weit und breit keine Schatzkiste. Kein Goldstück und kein einziger Silberbarren. Dafür stößt die Lampe schon nach zwei oder drei Metern an eine Wand aus Sand. Aus! Weiter ist das Sauggerät nicht gekommen. Oder wollten die Fremden nicht weiter graben?

Zentimeter für Zentimeter taste ich mit dem schmalen Lichtkegel die winzige, künstliche Grotte ab. Nichts! Nur das Rohr einer großen, wahrscheinlich viele Zentner schweren Kanone ragt in den Hohlraum hinein. Am Metall sind unter Rost, Algen und Muscheln die Überreste von Initialen zu erkennen. Ich ziehe mein Messer aus der Beinscheide und beginne fieberhaft zu kratzen. Ein großes G ist bald auszumachen. Der nächste Buchstabe ist von einer Eisenplatte halb verdeckt. Ich muß das jetzt wissen! Aber alles Gegenstemmen nützt nichts – das Geschütz rührt sich nicht von der Stelle. Also dann die Eisenplatte – ein Ruck, und plötzlich gerät alles in Bewegung. Wie von einer Riesenwelle getragen schiebt sich eine halbe Sanddüne über mich. Mitgerissen und durcheinandergewirbelt werden Eisenplatten und Geschütz.

Ich war gefangen. Eingeklemmt zwischen Schiffswand und Kanonenrohr – unromantisches Ende einer Schatzsuche.

Ein stechender Schmerz zuckt durch mein Handgelenk – dann sitze ich fest. Während ich mit dem freien rechten Arm im Sand grabe und bald nach oben ins Wasser durchstoße, bin ich mit dem linken Arm und beiden Beinen eingeklemmt.

Was tut man, wenn man 40 Meter unter Wasser lebendig begraben ist? Was denkt man, wenn man aufbrach, einen Goldschatz zu heben, und sich hilflos an einen Felsen gefesselt wiederfindet? Die zentnerschwere Kanone, gegossen vor 300 Jahren im Königreiche Spanien, hat die unermeßlichen

● Auf dem Meeresgrund liegen die Zeugen der Vergangenheit. Relikte verschiedenster Kulturen und Epochen. Kunstschätze der Antike, Gold und Silber aus den Tagen der Weltentdecker und Piraten. Aber auch die Überreste derer, die mit der wertvollen Schiffsladung untergingen.

Südamerikanisches Gold auf spanischen Schiffen, von Holländern und Briten erbeutet – ein Kapitel Weltgeschichte.

Schätze der Inka noch Jahrhunderte nach der Seeschlacht von Vigo verteidigt. Gegen mich! Sie hat meine linke Hand in eine Felsenhöhlung geklemmt.
Mein Atem geht kurz und stoßweise. Noch Luft für zehn, höchstens fünfzehn Minuten. Nur keine Panik, keinen Adrenalinstoß provozieren. Den Teufelskreis kenne ich: scheinbare Atemnot - hektisches Saugen - einen neuen Hormonstoß - echte Atemnot - Panik - Notaufstieg - Lungenriß oder Caisson-Krankheit...
Was kann ich noch tun? - Zunächst müssen die Beine frei werden. Vorsichtig bewege ich sie hin und her, vergrößere allmählich ihren Spielraum, helfe mit der rechten Hand nach, grabe meinen ganzen Körper aus der Sandmulde. Eine Grundströmung saugt den aufgewirbelten Schlick weg - ich kann wieder sehen. Auch die Lampe brennt noch. Was ist mit meinem linken Arm? Er ist wie in einen Schraubstock gepreßt - und die Kanone wird sich keinen Zentimeter fortbewegen lassen.
So ist das also. So einfach und lächerlich. Rechnen mußte ich immer mit einem Zwischenfall, aber ich habe mir das dramatischer vorgestellt, gefährlicher und abenteuerlicher. Eingeschlossen in der Titanic zum Beispiel oder im Flaggschiff der russischen Flotte, die 1905 bei Tsushima versenkt worden ist - allein mit einem Milliardenschatz. Und dann findet man doch noch die rettende, offene Luke... Ein mörderischer Kampf mit Riesenkraken oder

● Ein gefährlicher Tauchkumpan - der Hai. Die Chancen, ihm zu begegnen, sind für den Schatztaucher wesentlich höher, als den großen Reichtum auf dem Meeresboden zu finden. Die wirklich »großen Brocken« sind sowieso nur mit einem ausgebildeten Team, ausgeklügelten Methoden und erstklassigem Gerät zu bergen.

spät, Johnny. Hier holt mich niemand mehr heraus, es sei denn, ein Hai, angelockt von dem schwarzen Blutstrahl, der aus dem Gummianzug quillt und nach oben schwebt. Das müssen sie auf Meilen wittern. Kommt doch, ihr Bestien – oder wollt ihr mich erstikken lassen?
Meine rechte Hand hält immer noch das Messer, mit dem ich die Buchstaben freigekratzt habe.

Mein einziger Wunsch – nach oben ans Licht. Ich pfeife auf jeden Inka-Schatz, wenn ich nur diesem Wassergrab entkomme.

Auch der zweite ist jetzt, wie zum Hohn, zu entziffern – es ist ein R. G R – das kenne ich! Noch arbeitet mein Gehirn mit unerhörter Präzision. G R – das sind die Buchstaben König Georgs aus dem Hause Hannover. Und der regierte, da bin ich sicher, erst mindestens 25 Jahre nach der Schlacht von Vigo. Umsonst, alles umsonst. Umsonst getaucht, gebangt – und umsonst gestorben. Gestorben? – Noch nicht. Das Messer zuckt zur linken Hand. Wie weich der Knochen ist. Keine fünf Sekunden braucht das Sägeblatt, bis es auf der anderen Seite wieder ins Wasser schneidet. Ein Blutstrom schießt aus der Wunde, aber ich bin frei. Jetzt gibt es nur noch einen Gedanken: Nach oben. Todesangst. Panik. Bin ich schon im Delirium? Was tue ich? Ein Notaufstieg aus 40 Metern? Das muß doch tödlich sein. Denk an die Dekompression, Junge! Halt bei 15 Metern Tiefe, bei drei Metern...
Ich schieße nach oben, unaufhaltsam. Meine rechte Hand umklammert die Wunde, sucht die Schlagader und verschließt sie mit dem Zeigefinger. Der Kopf dröhnt. Ausatmen, ausatmen, nicht mehr einatmen...
Ich werde es schaffen. Jetzt sollen mich auch die Haie nicht mehr holen. Blitze schießen über die Netzhaut. Funken sprühen, zünden im Kopf geballte Ladungen. Schatten huschen auf mich zu. Sind sie das,

Menschenhaien, nur mit dem Messer in der Hand – aber man schafft es und rettet sich mit letzter Kraft auf die Taucherplattform.
Es hat solche Geschichten gegeben. Nicht gerade auf der Titanic. Derartige aufwendige Tauchexpeditionen mit U-Booten und NASA-Technik können sich heute nur noch Milliardäre leisten, Tauch-Multis, die sich selbst nie unter Wasser trauen würden. Für Individualisten wie uns ist das um viele Nummern zu groß. Aber es gab und gibt noch Tausende von Wracks, an die jeder gute Hobbytaucher herankommen kann. Wenn er Mut und Ausdauer hat. Noch Luft für fünf Minuten. Woran denke ich? An das schwarze Wassergrab über mir. An Johnny Carter, der jetzt wie gebannt ins brodelnde Wasser starrt und nach einem schwachen Lichtschein sucht. Du wirst nichts sehen, Johnny! Oder hast du deinen Tauchanzug schon angelegt und läßt dich gerade ins Wasser gleiten? – Zu

die Symbole des Grauens, die Schwimmaschinen mit dem kalten Blick, angelockt von meinem Blut, schon in Freßraserei, die messerscharfen Zahnreihen auseinandergerissen? Dabei habe ich sie geliebt, stundenlang beobachtet und ihre Perfektion bewundert. Nun schau hin: wie dich die eleganten, stromlinienförmigen Körper umkreisen. Und dann kommt die tödliche Drehbewegung...

Schwarze Schatten schießen auf mich zu, packen mich – und plötzlich ist es hell. Lampen beleuchten mich, Augen beobachten mich. Arme stoppen meinen Auftrieb, Hände binden die Riemen einer Messerscheide um meinen Arm und ziehen sie fest. Der Blutstrom versiegt. Schwindlig. Jetzt nicht die Besinnung verlieren, zu atmen aufhören. Sie tragen mich höher, stoppen wieder – dann endlich: Nebel! Unter Wasser gibt es keinen Nebel. Keinen Himmel. Kein trockenes Deck. Keinen Johnny Carter, der sich über mich beugt und mir die Maske vom Gesicht reißt. Jetzt kann ich tief durchatmen – die Luft wird für immer reichen.

Bin ich schon ein paar Minuten ohne Besinnung gewesen? Was ist passiert? Ich bin nicht in unserem Schlauchboot. Der Motor, der jetzt zuverlässig tuckert, wird uns schnell nach Vigo bringen. Ich bin auf dem Kutter. Und die Schatten, die unter Wasser auf mich zuschossen: Waren es nicht fünf?...

Das muß ich alles später klären. Es wird ein Später geben. Ich werde es schaffen! Und auch das Schatzschiff – es ist noch nicht gefunden. Die St. Christo de Maracaibo wartet auf mich – 40 Meter unter der Wasseroberfläche. Ich werde kommen – auch mit einer Hand...

● Jacques Cousteau, der große alte Mann der Meeresforschung, geht im Mini-U-Boot von der »Calypso« aus unter Wasser. Wie ein Astronaut überwacht er Steuer- und Meßgeräte. Sein »Schatz« ist das Leben im Meer.

Abenteuerlust und modernste Technik – die ideale Paarung für den Schatztaucher unserer Zeit.

BILDNACHWEIS

Seite 2/3: **Collignon/Black Star**; 5,6,7: **dpa**; 8: **Schieren**; 9: **Stern/Jacobi**; 10-13: **MC Reportagen/Chittock**; 14/15: **Stern/Jacobi**; 16/17 o.: **Stern/Jacobi**; 16/17 u.: **Stern/Kretz**; 17: **Stern/Jacobi**; 18, 19: **MC Reportagen/Chittock**; 20-22: **Stern/Kretz**; 23-25: **MC Reportagen/Chittock**; 26-29: **Jobson**; 30-33: **YPS/Pott**; 34/35: **Jobson**; 36: **YPS/Pott**; 37, 38: **Jobson**; 39 l.: **YPS/Pott**; 39 r.: **Jobson**; 40-47: **MC Reportagen/Chittock**; 48-51: **ZEFA/Koch**; 52 u.l.: **Focus/Rogers**; 52 o.: **Focus/Rogers**; 52 u.r.: **MC Reportagen/Jentzsch**; 53 o.r.: **MC Reportagen/Jentzsch**; 53 u.: **MC Reportagen/Chittock**; 53 o.l.: **Mauritius/Zimmermann**; 54: **Focus/Woodfin Camp/Roger**; 55 r.: **MC Reportagen/Chittock**; 55 l.: **Mauritius/Zimmermann**; 56/57: **Bildarchiv Schuster/Rothe**; 58 o.l.: **MC Reportagen/Chittock**; 58 u.l.: **MC Reportagen/Jentzsch**; 59: **Focus/Rebbot**: 58/59 u.: **MC Reportagen/Chittock**; 58/59 o.: **MC Reportagen/Chittock**; 60, 61: **Collignon/Black Star**; 62 o.: **Collignon/Black Star**; 62 u.: **Focus/Baldwin**; 62/63: **Collignon/Black Star**; 64/65: **Fenn/Ferchland**; 66 l.: **Thill**; 66 r.: **Meissner**; 67: **Fenn/Ferchland**; 68 o.: **Lazi**; 68 u.: **Fenn/Ferchland**; 69: **Meissner**; 70: **Fenn/Ferchland**; 71: **MC Reportagen/Chittock**; 72/73: **Meissner**; 74/75: **Bavaria/Marka**; 76/77: **Lazi**; 78 o.: **Lazi**; 78 u.l.: **Meissner**; 78 u.r.: **Lazi**; 79: **Lazi**; 80-88/89: **Henny Wyggers**; 89: **dpa/Deluca**; 90-95: **Henny Wyggers**; 96 o.: **Henny Wyggers**; 96 u.: **dpa**; 97: **Thill**; 98: **Henny Wyggers**; 99: **Intern. Bildarchiv Irmer**; 100/101: **Henny Wyggers**; 102/103: **Black Star/Meyer**; 104: **Collignon/Black Star**; 104/105: **Black Star/Meyer**; 106-113: **Black Star/Meyer**; 114-117: **MC Reportagen/Chittock**; 118-151: **Reinhold Messner**; 152/153: **Surfer/Wilkings**; 154: **Surfer/Hutchinson**; 154/155: **Surfer/Aeder**; 156: **Surfer/Crawford**; 156/157: **Surfer/Jones**; 157: **Surfer/Crawford**; 158/159: **Surfer/Hutchinson**; 160: **Surfer/Crawford**; 161 o.: **Zawodsky-Foto**; 161 u.: **Surfer/Devine**; 162: **G + J Fotoservice/Garff**; 163: **Zawodsky-Foto**; 164, 165: **Focus/Lissau**; 166/167: **ZEFA/Orion Press**; 168-191: **Wilfried Erdmann**; 192/193: **Collignon/Black Star**; 194: **Schmidtkonz**; 195/196: **Huber**; 197-199: **Schmidtkonz**; 200: **Collignon/Black Star**; 201 o.: **Collignon/Black Star**; 201 u.: **Huber**; 202-207: **Schmidtkonz**; 208/209: **Länderpress**; 210: **Bavaria/Marché**; 211: **Focus/Aurness**; 212/213: **Bavaria/Marché**; 214/215: **Focus/Hall**; 216: **Eckert**; 217 o.: **Eckert**; 217 u.: **Focus/Smolan**; 218: **Focus/Guillou**; 219: **Sautter**; 220: **Schweitzer**; 220/221: **Bavaria/Hiebeler**; 222/223: **Eckert**; 223: **Eckert**; 224/225: **Focus/Guillou**; 226/227: **Möltgen/Binanzer**; 228 u.l.: **Mauritius/Otte**; 228/229: **Möltgen/Amsler**; 230/231: **Möltgen/Binanzer/Voigtmann**; 231: **Collignon/Schulke**; 232/233: **Möltgen/Binanzer/Marie Celeste**; 234: **Collignon/Schulke**; 235 u.r.: **Möltgen/Binanzer/Voigtmann**; 235 u.l.: **Collignon/Schulke**; 236/237: **IKAN/Hall**; 238/239: **Collignon/Schulke**; 240: **Ziesler.** Umschlag: Fotos sind dem Buch entnommen bis auf Foto „Fallschirmspringer" von **Henny Wyggers.** Hintergrundfoto: **TSW.**

Wir danken den Autoren und Fotografen. Denn oft ist die Dokumentation des Abenteuers selbst ein Abenteuer.